が、日本列島に農耕が根づいていく中で、海を渡ってやってきた人や文化に影響され培われてきたのではないかと僕は考えています。そのあたりの具体的な話は後々述べさせていただくとして、そもそも僕が山に関わりを持ったきっかけは「山伏《やまぶし》」という存在に興味を惹かれたからでした。

山伏とは「山に伏《ふ》す（寝泊まりする）」ことから山伏と言われるとされますが、修験者とも呼ばれ、彼らがおこなう修験道とは聖地とされた厳しい山で修行をし、験力《げんりき》といういわゆる超能力を獲得することを目指す人たちであると一般的には説明されます。民俗学的には山伏は古くはヒジリと呼ばれ、ヒジリは「聖」ではなく「日知り」という字であらわすのが相応《ふさわ》しく、「日」は天体の運行を意味し、それを「知る」、つまり暦を知る存在という意味で「日知り」とするのでした。

食料を求めて移動しながら生活していた人たちが、ある時から定住を始め、また農耕をおこなうようになると、いつ種を蒔《ま》くのか、いつ収穫するのか、そういった取り決めをするために暦に関する知識が必要となってきます。農作業には祭りがともない、共同体の中で暦の扱いや祭祀といった重要な役割を担った日知りは、権力を持ち王となる者もあらわれました。一方、民衆の中に紛れ込んだ日知りたちの末裔のひとつが、後に山伏とも呼ばれるようになったと考えられます。

修験道は日本列島の自然の中に魂が宿ると考える土着の信仰に外来の仏教、神道、道教、陰陽道などが合わさって平安時代に成立したものとされますが、見方によってはそのルーツを狩猟採集時代のアニミズム、精霊信仰に求めることもできます。

現在では山伏という存在は、一般の人たちからは縁遠い存在になってしまいましたが、中山太郎

まえがき

山は古くから日本人にとって信仰の対象とされてきました。人が亡くなるとその魂は長い年月をかけて山に登り神になると考えられ、民俗学者の柳田國男は『先祖の話』の中で「春は山の神が里に降って田の神となり、秋の終わりにはまた田から上がって、山に還って山の神となるという言い伝え、これはそれひとつとしては何でもない雑説のようであるが、日本全国北から南の端々まで、そういう伝えのないところの方が少ないと言ってもよいほど、弘《ひろ》くおこなわれている」と述べています。

また「祀る者が猟夫であり杣樵《そまきこり》であり、また海上を往来する船の者であるによって、信仰も異なり神徳の表現も違っていたのである」とも述べているように、同じ山であっても、立場が違えばその神の祀り方や性格も異なり、さらに時代が違えば複雑に変化があるものでした。柳田國男が古くから日本人が持っていたとする祖霊信仰も、実はそれほど古いものではなく江戸時代頃からのものだとする説もあります。

では、現在の僕たちがイメージする山の信仰はいったいいつぐらいから存在したものなのでしょうか。縄文時代の遺跡や出土品を見てみると、どうやら縄文人は僕らが考えるような山への信仰は持っていなかったようです。いつぐらいから始まったものなのかと言えば、はっきりと断定はできません

山の神々
伝承と神話の道をたどる
Mountain Pantheons
Tracing down its folklore & myth
Sakamoto Daizaburo
坂本大三郎
A&F

『日本巫女史』によれば明治時代に修験道が禁止されるまでは、山伏の先達と呼ばれる指導的立場にあった人たちの数が一七万人いたとされ、当時の日本の人口が三四〇〇万人程でしたので、少なくとも日本人の二〇〇人にひとりが山伏であったということになります。その数字の根拠は残念ながら見つけることができませんでしたが、そういった数字があげられるくらい山伏はありふれた存在だったことは言えそうです。

こうした山伏たちは山を根拠地としながらも各地を放浪する性格を持ち、大名などの権力者に支配されない神仏の支配下にある民と考えられたことから関所を自由に通行することができました。そのため各地に情報を伝え、物流に関わり、文化を伝播させる役割を担いました。奥三河の花祭は山伏が伝えた神楽《かぐら》、祭りとして有名ですが、日本各地に数多くの山伏たちが関わった祭りや芸能が残されており、山伏が庶民の中で季節ごとの祭りに関与して、芸能と結びついていた存在であったことを今に伝えています。

子供の頃から絵を描くことが好きで、千葉県で生まれ育ち、一〇代の終わりから東京の現代美術のギャラリーのスタッフをしていた僕は、日本の芸術や芸能がどんなふうに生まれて発展してきたのか、長い間、知りたいと思っていました。二〇代の頃はイラストを描いたりデザインの仕事をするなどして過ごし、三〇歳になった時に、山形の羽黒山では今でも山伏が活動していて、誰でも修行に参加できるのだと知り、好奇心から参加してみたことが山伏文化との出会いでした。

街で生活してきた僕にとって、古めかしい山伏の世界は奇妙で面白い文化に感じられました。自分が山伏の文化を漠然と「面白い」と感じたことの理由を解明したくて、東京に戻ってから本を読んだり、友人が通っていた大学の先生の話を聞きに行くなどして山伏のことを調べてみると、山伏やヒジリが日本の芸術の発生や発展にとても深い関わりを持っていた人たちであったことがわかってきました。芸術や芸能の始まりを知りたいという、かねてからの自分の疑問に共鳴する存在であったこともあって、僕はさらに関心を深めました。山伏や山の文化のことを学びたくて、東京と山形を行き来して、やがて山形で暮らすようになりました。

そうした僕のおこないに関心を持ってくれる人たちもあらわれて、雑誌から執筆依頼があったり、本を書くようになると、僕自身が山伏という肩書きで呼ばれるようにもなりました。ただ、僕は山伏の宗教的な面、例えば加持祈祷《かじきとう》をして病気を治すとか、失くなったものを見つけるとか、そういったことは個人的な体験としてはあるかもしれないけど、客観的には現在の世の中では通用しないだろうと考えています。

いわゆる神秘的な体験とされるものは、修行中に断食をしたり、急峻な山に登って身体を疲労させて、何日間も睡眠をとらないような状況になればごく普通に人間の脳が見せるイメージであると僕は自分の体験を通して感じています。身体的な反応という意味では、ご飯を食べなければお腹が減るのと同じではないでしょうか。

つまり、基本的には僕は超能力とか霊能力とか人格を持った神秘的な存在のようなものを信じていないので、自分が山伏の文化の片隅に身を置いているとしても、過去や現在の山伏と自分を照らし合わせてみて自分は正統派ではない、異端であると思っています。

ではなぜそんなことを思いながらも、山伏の世界に足を踏み入れたのかと言えば、それは自分が所属している日本の文化というものを理解しようと思った時には信仰を理解しなければわからないと考えているからです。

現在のように科学的な知識が一般に広まる以前は、病気になれば非科学的なマジナイで身体を治そうとした例が多く、モノモライのような眼のデキモノは、藁で縛ってその藁を焼いたり、豆を地面に埋めたり、誰かから米を貰うと治るとされたようにさまざまなマジナイがあり、そういったマジナイや民間信仰の担い手が山伏やヒジリでした。

柳田國男は『郷土生活の研究法』の中で「我々の知識と技術との結びつきはきわめて緊密であった。今残っている以前の技術の中には、その基礎となっていた知識は消えてしまって、何のことだか解らずに、ただ技術のみが惰性でもってわずかに残っているものが多い。これによって前代の人生観がわかると思うのである。すなわち私たちがこうして一つひとつの技術を注意してみようとするのは、その基礎をなす知識であるところの、世の中の見方がどうであったかを、知ることに目的があるのである」と述べています。柳田が考えたように、僕は古い由来のある技術や知識を得ることで、祖先たちの心に触れてみたいと考えました。そのために民間信仰を扱い、文化を担った山伏の観点から日本の文化を捉え直してみたいと思ったのでした。

人は社会をつくり、人と人のつながりの中を生きる生き物です。人は単独では生きていくことができない弱い生き物ですが、高度な言語能力を持ち、言葉によってコミュニケーションをおこない文化をつくりだす、他の生き物と大きく異なる点があります。かつての社会の中では、人と人をつなぎ合わせるためには、その中心に神という幻想が必要とされました。

原初の宗教は、自分たちの亡くなった祖先を神とする祖霊信仰であったと仮定してみます。祖先の魂を神として社会の中心に据え、その神の子孫であることがその土地で暮らし、占有していることの根拠となり、祭りをおこない神とのつながりを物語として語ることや、さまざまな儀礼を通して一族は結束を確かめることができたのだろうと僕は想像します。

神のことを語る物語は神話と呼ばれ、集団の移動によって神話も移動し、各地に拡散していきました。時代が下り宗教の力が弱まっていくと神話は民話や昔話に姿を変えました。そのような物語たちは時代によって改竄《かいざん》され、姿を大きく変え、一見、意味がわからなくなってしまったものも少なくありません。しかし柳田の言葉を思い出せば、「その基礎となっていた知識は消え」て、「惰性でもってわずかに残っているもの」であっても、各地の物語を比較することによって「前代の人生観」を炙りだしてみることはできるのではないかと僕は思います。そして日本列島で暮らした人たちの信仰の対象となり、常に新しい文化が上書きされてしまう都市部とは異なる山の文化には、数多くの古い由来を持つ物語が残されているのでした。

これから紹介するものは僕が日本各地を旅してきた中で関心を持った山の物語です。各地の山をめぐる中で痛感したのは、ひとつの山のことを本当に知りたいと思うならば、その山に人生のすべてをかけるくらいの熱量で向かい合わなければわからないという思いでした。何度かその山に足を運んだだけでは、その山のことは理解できず、この本で紹介できているのは各地の山の、ほんの一面です。しかし、そうした山の一面を重ね合わせて、透かしてみることであらわれてくる世界があることも実感できたことでした。

目次

北海道地方
駒ヶ岳(p.116)
羅臼岳(p.119)
昭和新山(p.122)
太田山(p.126)
東北地方
なめとこ山(p.65)
川原毛地獄(p.86)
蔵王山(p.130)
湯殿山(p.166)
安達太良山(p.170)
飯豊山(p.173)
鳥海山(p.179)
宝珠山と山寺(p.182)
今熊山(p.185)
岩木山(p.188)
八幡平(p.191)
恐山(p.194)
葉山(p.197)
岩手山(p.200)
早池峰山(p.203)
瀧山(p.206)
三森山(p.230)
羽黒山(p.234)
関東地方
嵩山(p.44)
御岳山(p.50)
富山(p.53)
明神山と洲崎神社(p.56)
伊予ヶ岳(p.59)
那須岳(p.89)
鋸山(p.92)
鹿野山(p.95)
清澄山(p.98)
塔ノ岳(p.138)
八丈富士(p.142)
御蔵島(p.148)
高塚山(p.210)
標山と梵天(p.216)

九州・沖縄地方
宇佐八幡と御許山(p.14)
龍良山(p.20)
英彦山(p.27)
求菩提山(p.30)
六郷満山(p.33)
霧島山(p.105)
悪石島・御岳・根神山(p.151)
加計呂麻島・オホツ山(p.154)
於茂登岳(p.157)
今井権現(p.161)
中部地方
戸隠山(p.41)
走湯山(p.47)
守屋山(p.62)
伊吹山(p.68)
立山(p.83)
富士山(p.101)
猫魔ヶ岳・弥彦山(p.133)
八海山(p.176)
飯縄山(p.222)
妙高山と小菅山(p.225)
近畿地方
多武峰(p.38)
磯砂山(p.71)
葛城山(p.74)
高倉山(p.77)
彦根山と大谿山豪徳寺(p.80)
熊野山(p.108)

第一章　山岳信仰の始まり

宇佐八幡と御許山

神仏習合と渡来文化の山

大分県宇佐市にある宇佐神宮。宇佐八幡宮として知られるこの聖地は全国に数多くある八幡宮の総本社です。北方面一キロ先には宇佐国造家の埋葬地とも言われる三世紀から六世紀に築造された川部・高森古墳群があり、古墳から出土する銅鏡は初期のヤマト政権が支配する各地域の首長に与えたものとも考えられ、この地域がヤマト政権の成立を考える上でも重要な土地であることを物語ります。

複雑な宇佐の信仰と山岳信仰のつながりを紐解《ひもと》くには、いくつかのキーワードを項目分けしなければ、なかなか理解することが難しいかもしれません。ひとつは「宇佐や九州北部で活動した宗教者の技術と性格について」、ひとつは「宇佐の信仰の始まりと宇佐の神仏の発展」、ひとつは「九州北部と朝鮮半島や中国大陸とのつながり」についてです。これらの事柄が、渦を巻くように複雑にからみ合いながら発展していったものが、日本列島の山岳信仰の始まりと深い関わりを持っています。

宇佐のある大分県や福岡県の東部はかつて豊国《とよのくに》とも言われ、雄略天皇（在位四五六—四七九年）が病気になった際に豊国の奇巫《きふ》が呼ばれています。豊国の奇巫とはおそらく豊国を拠点に活動する土着的な宗教者のこと。また五八七年に用明天皇が病気になった際にも豊国の法師が内裏《だいり》に呼ばれて、そこ

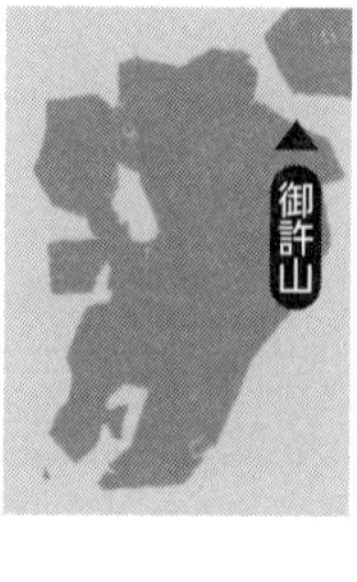

で呪術的な治療行為がおこなわれていたのだと推測されています。九州北部は早くから渡来文化の影響を受け、豊国を拠点にする奇巫や法師という呪術的な宗教者は当時の最先端の医術を持つ呪医でもありました。『続日本紀』には、宇佐氏出身の僧侶とされる法蓮の優れた医術に「豊前国の野四十町を施した」と記述されています。法蓮は彦山（英彦山《ひこさん》）を開いたとされる人物で、彦山を開いたとされることからもわかるように、山林修行者であり豊国奇巫、豊国法師に連なる呪医でもある、普通の僧侶の枠に収まりきらない人物だったのだと思われます。

七六九年には宇佐八幡宮神託事件が起きます。法相宗の僧であり弓削《ゆげ》氏出身の道鏡が、女性天皇であった孝謙天皇の病を治したことから、その寵愛を受け、世俗の王である天皇に対して聖なる世界の王である法王にまで地位を上げ、その後、宇佐八幡から「道鏡を皇位に就かせるように」との神託がくだり、神意を確かめるために天皇は宇佐に和気清麻呂を派遣しました。しかし道鏡を皇位に就かせたいと願った天皇の意思に反して、清麻呂が持ち帰ったのは「道鏡を排除すべし」との神託でした。その結果に怒った天皇は和気清麻呂の名前を別部穢麻呂《わけべのきたなまろ》という嫌がらせのような名前に変えさせて、大隅《おおすみ》国に流したのでした。

その後、天皇が亡くなると道鏡は失脚していったと伝えられますが、実際に道鏡が皇位を狙っていたのかは不明で、後の天皇が皇位を継ぐことを正当化するために話がつくられたものであったとか、さまざまな解釈が存在します。しかしこの出来事からは天皇の位に就任するという大事に宇佐の神託が効力を発揮するほど、大きな力を持っていたということをうかがうことができます。

現在の宇佐神宮を参拝すると、本殿近くに「宇佐神宮奥宮大元神社遥拝所」と書かれた看板があります。そこから見える宇佐嶋とも呼ばれる山が、宇佐神宮発祥の聖地とされる御許山《おもとさん》です。宇佐神宮から六キロほど東南に位置する御許山へは車で行ける西屋敷コースや四〇分ほどで登れる正覚寺コース、鳴川登山口コース、宇佐神宮から始まり大尾神社を通る、近年整備されたおもと古道などがあります。

宇佐神宮の裏手にある大尾神社が鎮座する大尾山は、東大寺大仏建立のために都に出仕していた八幡神が、宇佐に戻った際に神託によって遷座した山で、道鏡事件が起こった際には神託をおこなった場所でもありました。後に八幡神は本宮に戻りましたが、神託がおこなわれた大尾山も聖地となり、今に至っています。

大元神社は御許山の九合目にあり、拝殿はあるものの、ご神体は山そのものとなっています。奥には鳥居があり、有刺鉄線でぐるぐる巻きになっており、物々しい雰囲気です。そこから先は禁足地となっているため先に進むことはできませんが、山頂には宇佐神宮の第二殿に祀られている比売《ひめ》大神が降臨した際に依代《よりしろ》としたという三つの巨石が祀られています。一四世紀に描かれた奥宮御許山絵図を見ると、山頂付近には三つの巨石以外にも多くの巨石が描かれており、不動岩や白山、北辰など、神道一色となっている現在の宇佐神宮とは異なった神仏習合の聖地の姿があらわれてきます。

もとは原始的な巨石信仰だった宇佐の信仰は、なぜ皇位にまで影響を及ぼすほど強い力を持つようになり、東大寺の大仏建立の際に京《みやこ》へ招聘《しょうへい》されるようになったのでしょうか。そのきっかけは大神《おおがの》比義《ひぎ》という人物の登場により、八幡神が応神天皇として祀られ、両者が習合する（混ぜ合わさる）ことによって、政治性を帯びた神となったことに始まると考えられます。大神比義がどのような人物であったのかは諸説あり、大和の三輪《みわ》山に大物主《おおものぬし》を祀る大神《おおみわ》氏の出身であるとか、大陸から渡来してきた宗教者であるとか、山林修行者だとか、さまざまな説があげられています。

大和大神氏の拠点である三輪山には倭迹迹日百襲姫《やまとととひももそひめ》の神話があります。山から夜な夜なやってくる若者、大物主と恋に落ちた倭迹迹日百襲姫が、若者の顔を見たいと願ったところ、若者は了解して「箱を開けても驚いてはいけない」と念を押したものの、箱を開けた倭迹迹日百襲姫が驚き声を上げてしまったため、蛇の姿から元の若者の姿に戻った大物主は、約束を破ったので、もう二度と会えないことを告げて三輪山に戻ってしまい、後悔した倭迹迹日百襲姫は箸で女性器を突いて命を落とす、という物語になっています。

こうした蛇神と人との婚姻神話はアジアに広く分布しますが、東南アジアやインドネシアあたりで発祥し、海を渡ってきた人たちが伝えたという説があり、大変興味深いところです。大神比義を象徴とする宇佐に拠点を持つ宗教者たちは意図を持って神を変質させ、八幡神を国家的な神への階段を昇らせる礎を築いたのでした。

やがて聖武天皇による大仏造立事業が始まると、七四九年に八幡神は平城京に入ります。この頃には地方の神に過ぎなかった八幡神が国家的行事を成功させるためにその力を必要とされるほどの存在になっていました。大仏建立に必要な銅は宇佐の西に位置する香春岳《かわらだけ》で採掘されたものが京に送られました。山岳での鉱物採掘は渡来系の人々によって始められたとされます。それまで日本列島で暮らしていた人たちは奥深い山にはあまり足を踏み入れなかったようですが、鉱物を探し深山に足を踏み入れた人たちが持っていた考え方、つまり山には神が存在し、山の中は異世界であるという信仰のかたちが、現在の日本人がイメージする山岳信仰の始まりとなったと考えられます。

八幡神を迎える際には、京では大掛かりな法要がおこなわれました。神を仏教的な儀礼で迎えたことは、日本の信仰の歴史を考える上で重大な出来事です。仏教と神道が融合して日本独自の文化となっていく神仏習合のあらわれと考えることができるでしょう。

『古事記』や『日本書記』の中では神として登場していた八幡神が、やがて『延喜式』の中で八幡大菩薩として記述されるようになります。神仏習合した八幡神は八幡大菩薩と呼ばれますが、その出家授戒の地が御許山といわれ、七七七年に八幡神を出家させたのが前述の法蓮でした。法蓮は宇佐の神宮寺《じんぐうじ》である弥勒寺《みろくじ》の別当となったとも伝えられ、弥勒寺の所領として聖武天皇から国東《くにさき》半島が与えられています。彦山を開いたとされる法蓮と宇佐、そして国東半島のつながりがここに見えてきます。

その後、仏法の修行を重ねた八幡大菩薩は御許山に霊山寺を開いたと伝えられますが、現在ではそれが具体的にどのような場所だったのかはわかっていません。九一九年には御許山中に正覚寺が建立され、その後も多くの坊舎が建てられました。後に武神として源氏や平家といった武家の信仰を集め、死後自らを新八幡として祀られることを望んだ豊臣秀吉は、豊国乃大明神として豊国神社に祀られることになるものの、徳川家康が天下人となると豊国神社は廃絶させられました。

八幡大菩薩は徳川将軍家にも厚く信仰されましたが、明治に入ると神仏分離令が出され、神宮寺であった弥勒寺は廃され、八幡大菩薩の神号も禁止されました。御許山にあった数多くの寺は幕末に長州藩の兵によって焼き討ちされ、一〇〇〇年以上続いた宇佐の信仰は、時代の移り変わりとともに復元不可能と思えるほど大きく損傷してしまったのでした。

龍良山

神道と修験道の原初をかいま見る

九州と朝鮮半島を結ぶ、古くから海民が行き交《か》う海域に浮かぶ対馬《つしま》は日本文化を紐解《ひもと》く上でも重要な土地です。『魏志倭人伝《ぎしわじんでん》』に「対馬国」の名と対馬を治める大官として「卑狗《ひこ》」、それを補助する者として「卑奴母離《ひなもり》」と記されています。これらの言葉は当時の大国であった魏から見て蔑んだ意味があり、諸説ありますが、卑狗は「日子」や「彦」をあらわす言葉で、卑奴母離は「日守」であったとする説があります。対馬も本来は津島であったものを動物の文字を宛てて対馬として、それが定着したもののとのことです。

対馬について調べてみると、神聖な山として「龍良山《たてらやま》」の名が出てきます。龍良山は天道山とも呼ばれたそうで、対馬には天道信仰という太陽を祀る文化があると以前から知ってはいましたが、なぜその天道山が龍良山と呼ばれているのかが不思議に思えました。

対馬空港に降り立つと、起伏の激しい地形と色濃い照葉樹の森が視界に飛び込んできます。島独特の湿度の高さは、関東や東北の気候に慣れている僕にとって、異国を訪れたかのような胸のざわめきを感じさせました。

対馬に到着して、まず訪れてみたいと思ったのは島の中央あたりに位置する豊玉町にある和多都美《わたつみ》神社です。ここには大変珍しい三本足の鳥居があり、それを実際に見てみたいと思ったのでした。

空港近くでレンタカーを借り、近くのスーパーで昼食用に寿司を買いました。対馬は南北に延びたヒョウタンのような形をしていて、その中央に街が集中しており、空港もスーパーもこの地域にあります。僕は知らない土地を訪れるとスーパーに寄って食料を調達することにしています。その土地の食材を食べてみることで、そこがどれくらい自然豊かな土地なのかを想像することができると考えているからです。そして寿司を食べてみると、今まで各地のスーパーで買った、どの寿司よりも安くてうまいと感じました。「さすが古くからの海民の島……」寿司を頬張りながら対馬の自然をめぐることへの期待が高まりました。

和多都美神社までは空港から車で四〇分弱の道のりです。森に生えているマテバシイなどの照葉樹は房総にもたくさん生えているので、どことなく馴染みのある森のように感じます。森を抜けると突然海の気配が濃厚になりました。対馬の海岸線はとても入り組んでいて、小さな岬が無数に海に突き出しているように見えてきます。岬に挟まれ、くぼんだ入り江となった場所に神社がありました。

神社の駐車場に車を停め、海の方を見てみると、沖に向かっていくつかの鳥居が立っていました。ちょうど有名な厳島《いつくしま》神社のような光景です。これは人間が通るための門ではなく、海の彼方から聖なるものを迎えるためのものなのでしょう。

社名になっている和多都美とは海神のことです。祀られているのは山幸彦とも呼ばれるヒコホホデミノミコトと、その妻になったトヨタマヒメノミコトで、海との関わりが深い神といえます。また弥生時代の遺跡や古墳が多く、船で持ち運ばれた青銅器や広鋒《ひろさき》銅矛が多く存在していたことからも、このあたりがかつての対馬の中心地であったのではないかと推測されています。『日本書紀』には海神のことを豊玉彦、その娘のことを豊玉姫とも記してあり、この土地がかつて豊玉町と呼ばれたこともここで暮らす人たちが海の神を祀る海民であったことを物語るようです。

背後に密度の高い森を背負った和多都美神社の境内には潮が満ちてくると社殿近くまで海水が入ってくるように水の道がつくられており、ここにも天体の働きに合わせて聖なるものの訪れを感じさせる、海と山が交わる神話的な仕掛けがなされています。水の道のさなかには石を囲むように三角に組まれた鳥居があり、この石がトヨタマヒメの子であるイソラエベスと伝えられています。

和多都美神社のご神体は蛇の姿をしているとされ、神主の背中にはウロコがあるという言い伝えがあります。イソラエベスの聖石はウロコ状に亀裂があり、対馬に残された神話世界を眼前にしたようで深い感動をおぼえました。

この聖なる母子の関係こそ対馬に残される神話の世界を知るための大きなポイントではないかと思えました。和多都美神社を後にして、僕は島をぐるりと回ることにしましたが、島の北部に位置する佐護の湊には「天神多久頭魂《てんじんたくづだま》神社」があり、背後にそびえる地図上では後山と記された山も天道山と呼ばれたそうです。対馬の研究者である永留久恵によれば「タクヅタマ」とは「タク」が丈《たけ》く、長く、卓といった高い貴い状態をあらわし、「ツ」は助詞、「タマ」は玉、魂、霊で「天に威稜高くまします大神の霊」のことだといいます。そして天道信仰の「天道」とは「太陽神」に他ならないのだと述べています。

この天道＝太陽神の母とされる神が天神多久頭魂神社から見て佐護湊の対岸の森の中にある神御魂神社に祀られています。神皇産霊《かみむすひ》神といわれるこの神は女房神ともいわれ、その神像は胸に日を抱いた姿であるといわれます。神名にある「ムスヒ」という言葉は存在を生み出す原理とでもいうのでしょうか、研究者によって解訳は異なりますが、この神の姿こそが対馬の神話そのものをあらわしているように思われます。ムスヒは国学者の本居宣長や民俗学者の折口信夫などにも神道の根本原理と考えられてきましたが、対馬にある素朴なムスヒのあり方は神道の原点を垣間見るようでした。

対馬の天道信仰の中心地は二つあり、ひとつは北部の佐護で、もうひとつは南部にある豆酘《つつ》といえます。冒頭に述べた龍良山があるのはこのエリアで、豆酘にも佐護と同じように多久頭魂神社があります。ここにはやはりムスヒの神であり、高天原《たかあまはら》の中心的存在である高皇産霊《たかむすひ》神が祀られています。神皇産霊神と高皇産霊神といった神道の中でも最重要である神が京から遠く離れた対馬に祀られていることは大きな意味を孕んでいるように思われます。この多久頭魂神社はかつて龍良山の遥拝所で、禁足地である聖域を望みながらこの地でさまざまな儀礼がおこなわれていたのでしょう。

興味を惹かれるところでは、多久頭魂神社の近くには儀礼のために使われる赤米を栽培している水田があり、豆酘の人々に古代米と呼ばれるそのイネをＤＮＡ鑑定したところ、縄文土器の中からもその痕跡が見つかり、とても古いタイプのイネであると考えられる熱帯ジャポニカの流れを汲むものであることがわかったとのことです。稲作といえば弥生時代以降の文化と考えられてきましたが、近年の研究ではおよそ一万年前の中国大陸長江流域の湖南省周辺を起源として稲作がおこなわれていたと考えられています。

日本列島には縄文時代に漁労をおこなっていた海民たちの渡来によってもたらされ、そのイネは水田で育てる水稲ではなく、雑穀とともに育てる陸稲の熱帯ジャポニカであったとされています。おそらく海と太陽の神話もイネをたずさえて渡来してきた人たちによって対馬にもたらされたのではないかと想像できます。今でも豆酘では古風な亀卜《きぼく》（占い）や赤米神事がおこなわれており、対馬はまさに大陸や朝鮮半島から日本列島へと続く神話の道にある土地といえそうです。

龍良山の南北にはそれぞれ天道信仰に関わる聖地があり、天道法師の墓とされるのが石が積み重ねられた小さなピラミッドのような形をしている八丁郭《はっちょうかく》と呼ばれる場所で、天道茂《しげ》やオソロシドコロとも呼ばれました。ここにあやまって足を踏み入れた場合、草履を頭の上に乗せて「インノコインノコ」と言いながら後ずさりして立ち去るそうです。インノコはおそらく犬の子のことで、それは「自分は人間ではない」という言い訳をして恐ろしいことがおきないようにするマジナイだったのでしょう。

龍良山の北部には山頂へと続く登山道があり、スダジイやウラジロガシやイスノキの大木が鬱蒼《うっそう》と茂る森の中に伸びています。その途中には裏八丁郭と呼ばれる天童法師の母親の墓とされる聖地があり、やはり石が積み重ねられたピラミッドのような形をしており、ここにも母子の関係があらわれて

オソロシドコロ

います。強力な聖地であったために斧の入ったことのない照葉樹の原生林の大木たちは平均でも二〇〇年は生きているそうです。その貴重な森のあり方から国の天然記念物に指定されています。

龍良山は訪れる人も少なく、登山道は森の中をくねくねと曲がりながら進んでいくため、とてもわかりづらく迷いやすい道です。鬱蒼とした森の中にはシカをはじめ動物の気配が濃厚で、禁足地であったというだけあって、ぐねぐねと枝をうねらす大木の姿が恐ろしくも思えてくる独特の雰囲気があります。

標高は五五九メートルですので、それほど長い行程ではありませんが、山頂付近は岩場で、そこを落ち葉が覆っているため滑りやすく、少し注意が必要です。

僕は山を歩きながら「なぜ龍良山という名前なのか」をぼんやりと考えていました。そして山頂近くに差しかかった時にハッとしました。

対馬を訪れて最初に行った和多都美神社にあった聖なる石の名は「イソラエベス」でしたが、それを漢字にすると「磯良恵比寿」となります。磯良は海神の娘である豊玉姫の子供ですが、豊玉姫は『日本書紀』の中で出産の際に龍の姿になったと記されています。つまり子供の「磯良」に対して、母の「龍良」という母子関係の中で山の名前がつけられたのではないかと気がついたのでした。これだけ後になって気がつくなんて自分の勘の悪さが恨めしく思えました。

多久頭神社や八丁郭や裏八丁郭はかつて儀礼がおこなわれていた斎場であったと考えられています。天童法師の母は太陽に感精して懐妊したとの言い伝えもありますが、海の底に存在する母なる神に鎮呪の儀礼「ムスヒ」をおこなうことで身ごもった海の神が出産し、海底から立ちあらわれてくる子供が「太陽＝天道」であるという構造がここに見えてきます。

翌朝、僕は早起きをして見晴らしの良い山の中で、海の中から太陽が昇ってくる様子を見ていました。暗闇を徐々に明るくする、真っ赤な一直線に伸びる日の光が照らしだす情景をはるか昔に対馬に渡来してきた人たちもきっと見ていたはずです。この時の感動と朝日に触れる身体の暖かさを僕はずっと忘れないと思います。

英彦山
日の子の山

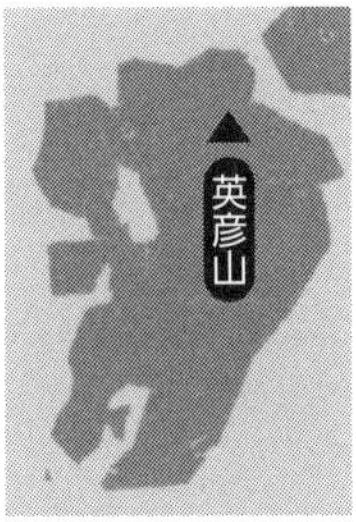

福岡県と大分県にまたがる英彦山は、大峰山、羽黒山と並んで三大修験霊場のひとつといわれる山です。出羽三山を拠点にする僕にとっても、九州北部の英彦山は少し憧れを感じていた、いつかは訪れてみたいと考えていた場所でした。

英彦山には北岳と中岳と南岳の三つの峰があり、南岳が標高一一九九メートルの最高地点となっています。英彦山はもともと彦山と書いたものが、一七二九年に霊元法皇の命によって「英」をつけて英彦山となったと伝えられます。また社伝によると、天照大神《あまてらすおおみかみ》の子である天忍穂耳命《あめのおしほみみのみこと》を祀ることから日子山であったともされます。

縁起によれば、五三一（継体天皇二五）年に北魏の僧、善正が山中の洞窟で修行をしていたところ猟師の藤原恒雄と出会い、殺生を戒めたものの恒雄は猟を続け、一頭の白鹿を射たといいます。その時、三羽の鷹があらわれ、檜の葉に浸した水を鹿にふくませると、白鹿が生き返ったために、恒雄はその神秘的な場面に驚き、鷹を神の化身と考え、殺生を恥じ、善正の弟子となり名を忍辱《にんにく》とあらため、修行を重ね山頂の三岳に阿弥陀、釈迦、観音の三社を建立したと伝えられています。聖地を開く時に、猟師の助けを得たり、猟師が発心して聖なる世界に入っていく話は各地でよく目にする形ですが、英彦山の縁起もその類型といえます。

また九州北部には大行事社と呼ばれる四八の英彦山の末社があり、そこでは英彦山の祭神である天忍穂耳命ではなく高木神（高皇産霊神）が祀られ、かつては英彦山山頂も高木神祭祀の旧地であったといわれています。高木神信仰が広がっているためか、英彦山周辺には高木神の化身とされる「鷹」の文字が入った地名が多く目につきます。

ここで思い出されるのが対馬のことで、『魏志倭人伝』に対馬を治める大官が「卑狗」、それを補助する者が「卑奴母離」と記され、卑狗は「日子」や「彦」をあらわす言葉で卑奴母離は「日守」であったとする説です。対馬には神道の原型的な姿が残るとされますが、そこには太陽信仰をベースに母なる神とその子供の神の神話がさまざまな語り口で述べられている様子を見ることができました。対馬では北部の佐護と南部の豆酘が信仰の拠点となっており、そこに太陽信仰の天道が祀られ、またその太陽を産みだす力として産霊の神が共に祀られていました。

まだ人影を目にしないような朝早く、僕は別所駐車場から英彦山に登り始めました。明治時代に潰されてしまった坊舎跡を横目に見て、巨大な修験道の拠点であった英彦山の破壊を残念に思いながら奉幣殿を通り、山道に入り、下宮や宗像三神を祀る中津宮を抜け、山頂が近づいてくると、少し広くなった場所に出ました。

そこのお堂には廃仏毀釈以前は役小角《えんのおづぬ》が祀られていたそうですが、明治以降はさらに古くから祀られていた高産霊神を戻し祀っているとのことでした。

神を産みだす原理である高産霊神が山頂のすぐ下に祀られ、山頂の神を産みだす。対馬で見た神話の構造が、英彦山にもあらわれているのが偶然とは思えませんでした。英彦山が日子山であったのは、天忍穂耳命を祀るからというよりも、もっと素朴で原型的な太陽信仰が根底にあったからなのではないかと僕には思われました。

山頂の社から日が昇る様子を見てから、僕は下山しました。昇る時には鹿などの動物にしか会いませんでしたが、下山時は何人かの人間ともすれ違いました。奉幣殿の前には観光客の中高年の女性がたむろしており、山伏《やまぶし》装束姿だった僕を見つけると半ば強制的に写真撮影会が始まってしまいました。僕は英彦山の山伏ではないので、英彦山で写真に撮られるのは相応《ふさわ》しくないとお断りしたのですが、何度説明してもおばちゃん達にそんなことは関係ないようでした。

求菩提山

鬼とカラス天狗と山伏

英彦山から国東半島へと続く山並みの一角に求菩提山《くぼてさん》はあります。標高七八二メートルのこじんまりとした山ですが、かつては「一山五百坊」と呼ばれた一大修験霊場でした。

求菩提山の開山伝説には猛覚魔卜仙という人物が登場します。「もうかくまぼくせん」と読むそうですが、すごい名前です。おそらくは渡来系の人だったのではないかと考えられています。「卜」は占いという意味ですから、占いを得意とした仙人や聖《ひじり》の一種なのでしょう。この猛覚魔卜仙が求菩提山を開山し、犬ヶ岳にいた凶暴な八匹の鬼を退治し、甕《かめ》に封じて犬ヶ岳の山頂に埋め、その鬼の霊を祀ったとされ、求菩提山八合目には鬼神社が建てられています。求菩提山の麓には「卜仙の郷」という温泉があり、猛覚魔卜仙がその名の元になったとのことです。普通の大衆浴場のような施設で、旅の疲れを癒してくれる良いお湯でした。

猛覚魔卜仙が八匹の鬼を退治したように、修験道の聖地にはたびたび鬼が登場します。修験道の開祖とされる役行者《えんのぎょうじゃ》が従わせた前鬼・後鬼はよく知られる存在だと思います。鬼の他には猟師が登場する場合も多く、英彦山の場合は北魏からやってきた僧、善正が山中での修行中に猟師と出会い、後

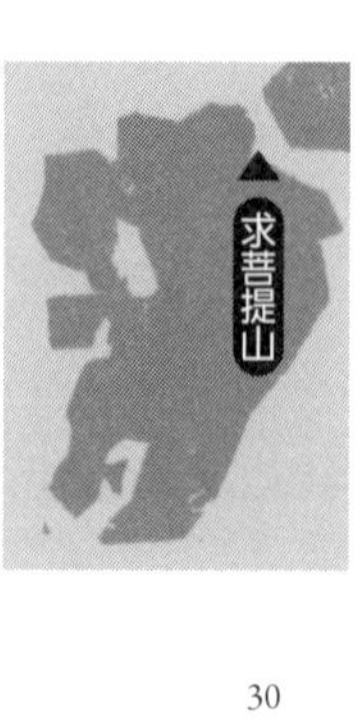

に猟師は善正の弟子となっています。前鬼・後鬼や猟師は役行者や善正のような新しい信仰や文化を携えてきた人たちよりも前に、その土地で暮らしていた先住民を象徴する存在ではないかと僕は考えています。求菩提山の場合は征服された先住民が伝説化していく中で鬼となっていったのでしょう。

また求菩提山でよく目につくものとしてはカラス天狗があげられます。天狗は中国を発祥の地とする怪物ですが、中国と日本ではそのあり方がずいぶんと異なるようです。そもそも中国では恐ろしい流星を天狗といったようで、紀元前に成立した奇書『山海経《せんがいきょう》』には狗《いぬ》の姿で描かれています。日本においての天狗観は一様ではありませんが、平地で暮らす人々にとって恐ろしい世界であった山・自然・異界の怪異が天狗によって起こされていると考えられ、山を拠点にする山伏と重ねて見られるようになったようです。また山伏は修行を重ねることで験力《げんりき》という超人的な力を持ち、傲慢になり、天狗になるといいます。自分のまわりにも知識を振りかざし、自分の気に食わないことを批判ばかりしている天狗のような人を見かけます。僕自身も自分では気がつかないうちに傲慢な天狗になってしまっていたかもと思い返すことがたびたびありますので、気をつけないといけないなと常々思っています。

しかし求菩提山にいるとされた天狗は、そんな傲慢な天狗ではなく、名を次郎坊といい、火事を防ぐ火伏せの神として山中の天狗社に祀られていました。火を防ぐ水の神とも考えられたことから農耕との関わりも生まれ、近隣の農民にとって大切な存在とされました。

求菩提山の中興の祖といわれる頼厳という僧は、雨を降らせる秘術に長《た》けていたとも伝えられます。頼厳をはじめ求菩提山を拠点にした山伏たちの姿がカラス天狗に受け継がれていったのかもしれません。

頼厳は平安時代の終わり頃に活躍した人物ですが、宇佐出身で、天台宗の拠点である比叡山で修行し、その後求菩提山に入り、堂社の修復や仏塔の造立をおこない、荒れ果てていた求菩提山を復興させたと伝えられています。山頂から五―六世紀の須恵器が出土する求菩提山に正式な史料として残されているのは頼厳以降のことで、求菩提山を復興した頼厳は後に故郷の宇佐に戻っていったのだそうです。

求菩提山の麓にはカラス天狗の像や頼厳の像を収蔵している求菩提資料館があり、中には山伏がもらった恋文の展示もあり、求菩提山関連のみならず、修験道に関する展示をかなり楽しめました。

六郷満山

山の母性

大分県国東半島の標高七二〇メートルの両子山《ふたごやま》を中心に存在する寺院群を総称して六郷満山《ろくごうまんざん》といいます。正しくは六郷山といい、学問のための本山、修行のための中山、布教のための末山の三組織を持つ場合に満山との呼び方をするとのことです。また六郷とは国東郡の六郷を指した名称であるそうですが、どこを六郷とするのかは時代によって違いがあり、『風土記』や『和名類聚抄』では七郷となっていたり八郷となっていたり一様ではありません。

日本列島の山岳信仰は英彦山や六郷満山など九州北部で始まったという説があります。朝鮮半島から海を渡ってきた人たちが持っていたのが製鉄技術で、鉱山を探して深い山に足を踏み入れていった人たちが初期の修験道や山岳信仰を形成していったというのです。九州北部の香春岳などでは銅が採掘され、東大寺の大仏は香春岳で産出された銅が大量に使われていると伝えられます。

六郷満山の寺院の多くは七一八年に仁聞《にんもん》（人聞）という僧によって開かれたと伝えられ、仁聞菩薩ともいわれる伝説的な僧は実在の人物というよりも架空の存在であったと考える説が有力です。実際に各寺院を開いたのは仁聞の弟子とされ、宇佐神宮の神宮寺であった弥勒寺の初代別当であり、八幡大菩薩を出家させたという伝説を持つ僧、法蓮であったとも考えられています。いずれにしても六郷満山と宇佐八幡信仰には密接なつながりがあったことはたしかなことです。

民俗学者の柳田國男は仁聞とは人母、もしくは神母の誤伝であると述べていますが、宇佐八幡信仰の研究者である中野幡能《はたよし》は「人聞菩薩は八幡大菩薩に対する比売神の異称即ち法名であり、またそれに奉仕する法師集団である」と述べています。仁聞菩薩の名前の根拠の当否に関しては諸説あるのですが、対馬から英彦山、宇佐八幡宮、六郷満山など九州北部に広がる信仰の中に母子神の構造があらわれてくるのは大変興味深く思います。現在の修験道、山伏の文化においても山を母なる存在として捉え、山という母体の中、聖なる死の世界を辿り、あらたに生まれ直すという修行をおこなっています。

六郷満山で修行の中心であったのは国東半島中央に位置する両子山の両子寺です。その奥の院には、仁聞菩薩と八幡大菩薩が両所権現として祀られており、山名や寺名の由来となっています（観音の化身が二童子としてあらわれたとの説もあります）。両子寺は特に江戸期には強い影響力を持ち、六郷満山全体を統括していたのだそうです。

両子山には七不思議と呼ばれる場所があり、旱魃《かんばつ》でも水がなくならず、常に一定の水が湧き出る「走水観音」、橋の下に観音が祀ってあり渡ると不思議と信仰心がおきる「無明橋」、千徳坊という力持ちが一枚岩をかけて橋にした「鬼橋」、下に立っているといつでも水しぶきが落ちてくる「時雨紅葉」、岩が重なり針を通すような狭い穴だが容易に通ることができる「針の耳」、千徳坊が背で岩を割った「鬼の背割り」、大石に鹿の親子の足跡が残っているという「鹿の爪石」があります。

針の耳や鬼の背割りは、いかにも修験の行場という雰囲気で、山道を歩くのも楽しく感じることでしょう。

奥の院から山頂までは舗装された道と、山道があり、山道の方は少し道がわかりにくいように感じる箇所があり、迷う人がいるかもしれません。やがて山道が険しく、急になってきて、広葉樹の鬱蒼とした木々を抜けると急に開けた明るい場所に出て、そこが両子山の山頂でした。

山頂に出て愕然としたのが、展望台が建てられて、大きなアンテナが設置されていたことでした。国東半島の六郷満山といえば日本屈指の聖地のはずです。たしかに見晴らしが良く、アンテナを立てるには便利な場所かもしれませんが……。ここには国土交通省や防衛省、警察庁のアンテナが立っているのだそうです。社会の秩序を保つためには必要なものだったのかもしれませんが、信仰や文化というものが便利さや合理性に押しやられてしまったのを目の当たりにするとやはりショックを受けてしまいます。

第二章 民俗《フォークロア》と山

多武峰

芸能の民と後戸の謎

奈良盆地の南東に位置する、標高六一九メートルの御破裂山に抱かれるように談山《たんざん》神社があり、そこは明治以前には多武峰《とうのみね》妙楽寺と呼ばれていました。談山という名は六四五年の大化の改新の際に、中大兄皇子と中臣鎌足がこの地で談合をおこなったことに由来するとされます。

能楽と呼ばれる芸能は、古くは猿楽《さるがく》と呼ばれ、能楽のルーツであり観阿弥《かんあみ》や世阿弥《ぜあみ》を輩出した大和猿楽（現在の観世《かんぜ》、宝生《ほうしょう》、金春《こんぱる》、金剛《こんごう》）は奈良の興福寺や春日大社の祭礼に奉仕することを義務としていましたが、多武峰でおこなわれる祭礼も同様でした。多武峰では具足能という甲冑をつけておこなう能や新作能の披露や六六番の猿楽と呼ばれる芸能などがおこなわれ、後に世阿弥が猿楽能を大成する以前の、古い形の芸能が多武峰ではおこなわれていたのだと考えられます。もし多武峰での奉仕を怠れば大和猿楽から追放されるとされ、猿楽師にとって重要な聖地であったことがうかがえます。

多武峰でおこなわれた六六番の猿楽は、世阿弥の『風姿花伝《ふうしかでん》』の中で、猿楽の祖とされる秦河勝《はたのかわかつ》が聖徳太子に命じられておこなった芸能とされています。その中から三番の芸能を選んで「式三番」という翁《おきな》が登場する芸能となったと記され、翁とはただの老人のことではなく、能楽の中では聖なるも

のの象徴として扱われてきました。

翁とはどんな存在なのでしょうか、それは僕にとっても大きな関心となっています。以前、男鹿半島のなまはげ館を訪れた際に、館内に展示してあった日本各地の来訪神が、日本列島にどのように分布しているのかをマッピングしてある地図を目にしました。東北や九州や沖縄に多く分布している来訪神が、紀伊半島や長野のあたりにはほとんどマークがなく、すっぽりと抜け落ちているようでした。この時、僕は折口信夫が『翁の発生』の中で、「沖縄諸島を廻つて得た、実感の学問としての成績は、翁成立の暗示でした」と述べた一節を思い浮かべました。

折口信夫は八重山諸島において時期を定めて訪れる来訪神、アカマタ・クロマタなどを知り、そのような来訪神が能楽の翁の原型ではないかと推測したのでした。

能の起源は不たしかなところが多いのですが、一般的には猿楽のルーツとしては中国大陸から伝わった散楽があげられ、奈良時代には散楽戸という散楽にたずさわる者を育成する組織もありました。しかし奈良時代の末には廃止され、散楽はやがて寺社などでもおこなわれるようになり土着の芸能と結びつき猿楽となったとされます。

中国の少数民族がおこなう祭りの中では、例えば貴州省のイ族では、正月の時期におこなう祭りの中で面をつけた翁と嫗《おうな》が登場し、滑稽《こっけい》な仕草で観客を笑わせ、腰を振るなどの性的な動きをして農作物など自然からの恵みにたいして豊穣を祈ります。これがそのまま能楽の翁につながるものとはいえないかもしれませんが、東アジア文化圏の翁のバリエーションとして大きな関心を惹かれるところです。

能楽の翁といえば神聖で抽象的な舞や姿を思い浮かべがちですが、折口信夫は反対するとか批判するという意味のある「もどき」という翁のあり方に着目し、滑稽な物言いであったり所作をおこなう翁の姿の方が、神聖な翁よりも古いものではないかと考えました。それは例えば奥三河で秋の終わりにおこなわれる花祭に登場する翁のような存在です。花祭の翁は女性に声をかけて冷たくされたり奇妙な擬音を発したりする存在で、神聖な翁とは異なる滑稽な語りにこそ、折口信夫は古い翁のおもかげを見ることができるのではないかと考えたのでした。

また猿楽の徒は多武峰の祭礼に奉仕したように、寺社との関係も深かったので、そこから複雑な習いも生まれており、服部幸雄『宿神論《しゅくしんろん》』には翁と摩多羅神《まだらしん》という天台系寺院のお堂に祀られている謎多き神とのつながりや、宿神という芸能民に信仰された神と、シュグジ・シャグジという石棒であらわされることが多い古層の神とのつながりが描かれています。

多武峰に伝わる翁面の箱書きには「摩多羅神面箱」と書かれており、服部幸雄は摩多羅神が翁と深いつながりがある後戸《うしろど》という聖なる空間に祀られた芸能の神であることを示唆しました。しかし山本ひろ子『異神』では、摩多羅神の芸能の神とは異なる、修行を守護する神としての面も描き出し、翁や翁がまとう物語の世界が、うかつには踏み入ることができない広大な迷路となっていることを感じさせるのでした。

戸隠山

北信濃の大霊場

初めて戸《と》隠《がくし》を訪れた時、その山域が思っていた以上に広く、驚きました。ひとつの山だけではなく、いくつもの山や拝所が合わさって聖地を形成しているのが、いわゆる「戸隠」で、かつて一大霊場であった頃の面影を感じさせます。

戸隠富士と呼ばれる高妻山《たかづまやま》、乙妻山《おとつまやま》、五地蔵山《ごじぞうやま》、一不動などがある北部を「裏山」、戸隠山や八方睨みなどを「表山」と呼び、表山には蟻の塔渡り、剣の刃渡りと呼ばれる行場があり、裏山には、不動明王、釈迦如来、文殊《もんじゅ》菩薩、普賢菩薩、地蔵菩薩、弥勒《みろく》菩薩、薬師如来、観音菩薩、勢至《せいし》菩薩、阿弥陀如来、阿閦《あしゅく》如来、大日如来、虚空蔵《こくぞう》菩薩といった十三仏が祀られています。

山伏《やまぶし》たちは山に分け入り、峰入り修行をおこないましたが、山のあちこちには洞窟があり、そこに籠ることも戸隠の修行のひとつであったそうです。

戸隠山は『戸隠山顕光寺流記』によれば、嘉祥三（八五〇）年に学問と呼ばれる行者が、飯縄山《いいづな》で修行したのちに、戸隠を訪れ山を開いたと伝えられ、その後、康平元（一〇五八）年に宝光院、寛治元（一〇八七）年に中院、承徳二（一〇九八）年に火乃御子社《ひのみこしゃ》が開かれたとされます。

学問行者が山中で法華経を唱えていると、九つの頭と龍の尾を持つ鬼があらわれ、「自分は前の別当であるが、貪欲によってこんな姿になってしまった」と言ったといいます。学問は鬼と対話し、鬼は学問に従って、身を「岩戸の中に隠した」とされ、そこには九頭龍信仰の存在を感じさせます。それが室町時代になると天岩戸神話と結びつけられ、手力男命《たぢからおのみこと》が岩戸を開けて、そのまま放り投げたところ、落ちてきたところが山になって戸隠山になったとされるのだそうです。

戸隠山の近くには、「一生に一度は善光寺参り」でよく知られた善光寺があり、大きな信仰を集めていましたが、鎌倉時代から室町時代にかけて戸隠山顕光寺と善光寺の別当職を栗田氏が世襲して支配下に置いていたため、善光寺参りをする人は戸隠にもお参りするといった習いが生まれ、関係を深めました。

こうした大きな利権を持つ土地であったのですが、真言派と天台派で争いが起こるようになり、応仁二（一四六八）年には天台派の大先達であった東光坊宣澄が、戸隠連峰の西岳にあった西光寺を中心に勢力を強めていた真言派に顕光寺門前で殺害される事件が起こりました。

宣澄は怪無山に埋葬されたものの、クチバシと翼と長い爪を生やし、真言派の者たちを襲うようになり、真言派は一掃されてしまったと伝えられます。宣澄の姿は天狗の姿を思わせますが、宣澄を弔うために現在でも毎年旧盆の八月一六日には「宣澄踊り」という芸能がおこなわれています。

また宣澄踊りが「からす踊り」として北信濃から新潟県南部まで伝播していて、「からす」という言葉が天狗とのつながりを感じさせます。

戦国時代になると武田氏と上杉氏の争いが繰り返されるようになり、「川中島の戦い」は多くの人が耳にしたことのある言葉だと思います。その戦いが繰り広げられた背景には、北信濃の巨大な信仰を持つ、戸隠、飯縄、小菅の修験霊場を支配下に収める思惑があったとも考えられています。

争いに巻き込まれて、衆徒は一時山から避難しなければならない状態になりましたが、江戸時代に入ると徳川家康から寺領を安堵され、天台寺院として復興しました。

明治に入ると廃仏毀釈運動によって、他の山々と同様に顕光寺は戸隠神社となり、やはり多くの貴重な文化が破壊されてしまったことはとても残念です。

とはいえ、僕が善光寺や戸隠山を訪れた時は、秋の行楽シーズンであったこともあり、多くの人でにぎわい、その人の多さに酔ってしまうほどでした。今でも、多くの人を集めることができる魅力を持った山だということなのでしょう。

嵩山

武士と山伏と忍者を横断する山

群馬県の中之条町の嵩山《たけやま》は、けっして高い山ではありませんが、歴史深く面白い山です。山中には「胎内くぐり」や「奇岩」や「三十三観音」が並び、中でも「大天狗」「小天狗」と呼ばれる大岩の上からの見晴らしの良い景色は壮観で、高所恐怖症の人にとっては少し足がすくんでしまうかもしれません。僕は山頂で法螺《ほら》をたててみましたが、岩々に響き風景に染み込んでいくようでした（法螺貝を吹くことをたてるといいます）。嵩山は、いかにも岩場で修行することを好んだ山伏の山といった感があります。山の中をひとめぐりしてもハード過ぎず、ちょっとした運動ができる山としても行きやすい山であると感じました。

嵩山は隣接する岩櫃山《いわびつやま》とともに、戦国時代には城の機能も持っていました。永禄六（一五六三）年に真田幸隆率いる武田軍の攻撃により岩櫃城が落城し、武田軍と戦った近隣を支配していた斎藤憲広・憲宗父子は越後の上杉謙信を頼って落ち延びましたが、末子の城虎丸はこの嵩山に残り、やがて越後から戻った憲宗が上杉氏の援助で二〇〇〇の兵を率いて岩櫃城の真田幸隆を攻撃しました。真田幸隆は一旦和議を持ちかけたと見せかけて、城虎丸の家臣を内応させることに成功。結果、嵩山は落

城し、城虎丸は山中の「大天狗岩」から身を投げたと伝えられます。

中之条町は街道沿いに立つ市に由来を持つ町で、その街道は中之条を北に抜ける、江戸から越後に続く道であったそうで、戦略上、重要な地域であり、前述の通り、戦国時代には支配権をめぐって争いが続いていました。

大河ドラマの「真田丸」に登場した真田配下の寺島進扮する出浦盛清《いでうらもりきよ》は、岩櫃城を拠点にしていました。出浦は真田家の忍者の棟梁で、中之条町周辺には忍者の痕跡がたくさん残されています。物語で有名な猿飛佐助が修行したのもこの周辺の山とされています。

真田の忍者を輩出したこの地域は、古くから山伏が拠点にしていた山が連なり、山伏が修行した山の麓には忍者の墓が残されています。かつて大名などに支配された人たちは移動を禁じられ、気軽に旅をすることができませんでした。しかし、山伏はそうした俗権力に縛られない神仏の民と考えられたので、関所を通過することができました。そのため物の流通や情報の伝達を担う商人としての役割も持っていましたが、それを権力者が戦略的に利用する時、忍者ともなったのでした。

また真田がこの地に攻め入った時、斎藤憲広は敗走する際に山伏の格好をしていたと伝えられています。斎藤憲広は山伏として神照坊という名を持っていたそうです。このように武士、忍者、山伏は立場や状況によって姿を変えるものの、その出自はとても近いところにある存在でした。

また山伏的存在のことを別名でヒジリといい、「高野聖」や「念仏聖」などさまざまなヒジリが日本列島で活動していました。その中で足利から各国を漂流して三河で連歌会に参加した際に松平家に気に入られ婿になった徳阿弥という念仏聖がおり、その子孫が武士の棟梁である徳川家康だという伝承もあります。

民俗学者の折口信夫によれば、武士という言葉は宛字であり、山ブシや野ブシの方が先に存在していたのだといいます。

あまり知られていませんが、山伏にはこうした側面があり、中でも僕にとって興味深かったのは山伏が自然に関する知識を豊富に持っていたということです。中之条町の博物館にも、山の民に伝わってきた薬草の秘伝書が展示してあり、山伏がかつて医者の役割を任っていたことを思わせます。実際、古い医者の家系の先祖が山伏であるケースは少なくありません。そうした中にはいい加減なヤブ医者もいたらしく、ヤブとは藪ではなく、もともとは民間のヒジリをあらわす野巫という意味だったという説もあります。

走湯山
伊豆の修験霊場

観光地としてよく知られている静岡県熱海市。海沿いに建ち並ぶホテルや旅館の眺めは、なかなかの迫力です。個人的には、何度か友人に誘われて夏の花火に行ったことがあり、温泉街の雰囲気に楽しさを感じました。

海の近くだけあって、海のものが新鮮で、普段あまりお目にかからないものが提供されることがあり、近くの寿司屋でマンボウが握られていたのには驚きました。興味津々で食べてみましたが、なんだか水っぽくて、あまりおいしいとは思えませんでした。おいしく食べられなくてマンボウに申し訳ない気持ちになりました。

さて、熱海駅から一キロほど北には伊豆山神社があります。もともと神仏習合の山であり、明治の廃仏毀釈以前は走湯山般若院が伊豆山神社の別当を務め、祀られていた伊豆山権現は千手観音・阿弥陀如来・如意輪観音を本地仏とし、伊豆山三所権現、走湯権現とも呼ばれました。

街中、というか街はずれの伊豆山神社には、長い石段があり、その先に立派な本殿があります。本殿近くには源頼朝と北条政子が腰掛けたといわれる石があり、本殿から山を登った頂に本宮があります。でも本宮までお参りする人は少ないようです。

この地には赤白二龍の伝説があり、伊豆山の地下に赤と白の龍が交わりながら伏せていて、その頭が伊豆山の下で、尾が箱根の芦ノ湖にあるとされます。赤い龍は火を司り、白い龍は水で、その二龍の力によって温泉が湧き出している、ということなのだそうです。

赤い龍は母、白い龍は父をあらわすともされ、源頼朝と北条政子との話もあいまって、伊豆山神社は縁結びにご利益があるとされています。

「走湯山」とは、海沿いを走るように温泉が点在し湧いていたためその名がついたとされ、修験道の祖とされる役小角《えんのおづぬ》が伊豆大島に流された際に、走湯山で修行をしたと伝えられるため、山伏にとっても重要な聖地となりました。

『走湯山縁起』によれば、応神天皇二（二七一）年、伊豆山の浜辺に波間を飛ぶ光る鏡があらわれ、それが西の峰に飛んでいき、その様子が太陽のようで、山が火を吹いているように見えたので、「日が峰」と呼ばれるようになり、それが「日金山《ひがねさん》」となったとされます。その鏡を松葉仙人という人物が祠を建てて祀り、承和三（八三六）年に日金山から伊豆山に移動した霊場が伊豆山権現の始まりであったと伝えられます。

また源頼朝が源氏再興の祈願をして、後に鎌倉幕府を開いて伊豆山権現に多くの寄進をし、「関八州の総鎮守」として武士から篤く信仰されました。

『吾妻鏡』には、源頼朝が挙兵を前にして法華経を一〇〇〇回読むつもりができなくなり、伊豆山権現の覚淵に相談したというエピソードがあり、武士の棟梁である強面《こわもて》の頼朝像からするとちょっと意外な側面が見られます。ちなみに覚淵は伊豆山権現の別当寺であった密厳院を創建した人物です。頼朝が挙兵した際には北条政子が覚淵の坊で匿われ、隠れていたとも伝えられ、頼朝は覚淵を深く信頼していたことがうかがい知れます。

その覚淵が創建した密厳院は戦国期に豊臣秀吉の小田原征伐において、伊豆山権現と共に焼失してしまいます。しかし、源頼朝を尊敬していた徳川家康が、走湯山般若院を別当寺として伊豆山権現を復興し、紆余曲折を経ながらも、時の権力者に庇護されて生き残ってきました。しかし、明治期の廃仏毀釈により廃され、長い歴史のあった霊場も伊豆山神社と走湯山般若院に強制的に分割され、般若院は元の場所から少し離れた場所へ移ることになりました。

御岳山

オオカミと雪女に出会う

東京で暮らしていた頃、東京都青梅市にある標高九二九メートルの御岳《みたけ》山に何度も訪れました。友人と駅で待ち合わせ、眠い目をこすりながら山へ向かったことを憶えています。

武蔵御嶽神社は明治の廃仏毀釈以前は御嶽大権現と呼ばれており、創建は崇神《すじん》天皇七（紀元前九一）年とされます。その頃には、日本列島に現在のような山岳信仰はなかったと考えられるので、おそらく伝説的な話なのだろうと感じます。

天平八（七三六）年には行基が蔵王権現を勧請したとされ、こちらも伝説的な色彩が濃いお話ですが、山岳信仰を持ち伝えた何者かがいて、こういった話が生まれたのだと思います。その後、一時廃れてしまった御岳山の信仰を文暦元（一二三四）年に大中臣国兼が再興し、江戸時代には拝殿が建立されたのだそうです。

御岳山はオオカミ信仰でも知られている山岳霊場で、オオカミに関する話が残っています。ヤマトタケルが東国にやってきて御岳山にさしかかった時、白いシカの怪物がヤマトタケルの前にあらわれたので、山蒜《のびる》でシカを打ちつけて撃退すると、山が怪しい地鳴りのような音を出し、霧によって視界

がなくなってしまいました。身動きがとれなくなったヤマトタケルのもとにあらわれたのが、一匹の白いオオカミで、ヤマトタケルを窮地から救い出したと伝えられます。

白いシカと白いオオカミが山であらわれたら、どちらかというと白いオオカミの方を怖がって、思わず撃退してしまいそうな気がしないでもないですが、ともかく、この白いオオカミが「おいぬさま」と呼ばれ、信仰されているのだそうです。ちなみに御岳山で配られているお札に描かれているオオカミの目は三日月形をしており、自然のうつろいの美しさである「雪月花」として、木曽御嶽山の「雪」と、甲府金峰山の「花」と御岳山の「月」の三山のつながりをあらわしています。

御岳山は山道や頂だけでなく、山中に滝があったり、洞窟があるなど、こぢんまりとした山でありながら、さまざまな表情があります。

山の麓からはケーブルカーが走っており、山の中腹の御岳平まで行くことができます。御岳平から少し歩くと、かつて宿坊が並んでいた御師《おし》の集落があり、現在でも宿泊施設として機能しています。みやげもの屋を通り過ぎると鳥居があらわれ、武蔵御嶽神社にたどり着きます。ここからは滝に至る道や日の出山への道などいくつかのルートがあります。日の出山へ至る山道は、途中から岩場になり、山伏が好む山といえそうです。

日の出山の山頂からは景色がよく、他の登山客たちが食べていたカップラーメンがとてもおいしそうでした。僕は山伏装束を着ていたこともあり、弁当はオニギリとタクワンだけで、いつかまたこの山に来た時にはカップラーメンを食べたいと思いました。

僕が訪れたのはいずれも寒い時期で、一月下旬から二月上旬にかけては積雪があったり、道が凍っていることもあるとのことです。

以前、山を歩いていると急に冷たい空気に包まれて、驚いたことがありましたが、その時、小泉八雲の「雪女」のことが頭に浮かびました。島根の印象が強い小泉八雲ですが、実は東京帝国大学講師に招かれ、明治二九（一八九六）年に東京で暮らしていました。雪女は日本各地に類似する伝承があるのですが、小泉八雲の「雪女」は、現在の青梅市にあたる武蔵国調布村で農民が土地に伝わる話として語ってくれたものとして紹介されています。

北国の印象が強かった雪女ですが、江戸時代は今よりも気温が低く、東京の近くの山間部でもかなり雪が降ったようですので、雪女があらわれてもおかしくないリアリティがあったのだと思います。

山の突然の冷気に包まれたら、昔の人は恐怖を感じることもあっただろうな、と水筒からカップにそそいだ温かいお茶を飲みながら思ったのでした。

富山

里見八犬伝と安房のはじまり

僕が子供の頃、深作欣二監督、薬師丸ひろ子、真田広之主演の『里見八犬伝』という映画がありました。

むかしむかし、蟇田《ひきた》家が里見義実によって滅ぼされ、その際に妾の玉梓《たまづさ》に呪いをかけられます。やがて里見家は敵国に攻め込まれ危機を迎えるが、義実が飼い犬の八房《やつふさ》に「敵を討ちとれば娘を嫁にやる」と話すと、八房は敵の首を討ち取ってくる。約束のため伏姫を八房に嫁に出すが、義実の家来は伏姫を取り返そうと鉄砲を打ち、その玉は八房をかばった伏姫に当たり亡くなってしまう。死の直前、伏姫の体から八つの玉が飛び散り、伏姫は「玉が八人の剣士となって蘇り、玉梓の呪いに打ち勝つ」と言い残す。そして一〇〇年後に玉梓は怪物となって蘇り、軍勢を率いて里見家を滅ぼすが、逃げ延びた里見の姫が蘇った八犬士と出会い、共に玉梓に立ち向かっていく……という物語です。

一九八三年の映画ですから、僕が八歳の時に封切られたものですが、当時大ヒットしたようで、その後テレビでも放映され、記憶に残っています。いちばん印象的だったのは妖怪の老婆がグズグズに崩れていくシーンで、子供心に気持ちが悪くて、それが映画全体の印象になっています。

この映画は、江戸時代の滝沢馬琴の『南総里見八犬伝』が原作です。その小説は刊行が始まった時から書き終わるまで三〇年近くかかっており、しかも晩年に失明した馬琴は息子の嫁である、お路に口述筆記させて書き上げたのでした。僕もその小説を読んでみようと思い本を買いましたが、あまりにも長く、ほんの始まりの部分だけで挫折してしまいました。

少年時代から里見家が実在したのは知っていましたが、物語の舞台も現実にある場所だということは、ずいぶん後になってから知りました。

物語の発端となる伏姫と八房が籠った山も実在しています。それは南房総市にある富山《とみさん》という山で、山の中には伏姫が籠った「伏姫籠穴」や八房が死んだ場所だという「犬塚」があります。伏姫籠穴と犬塚は隣接しており、少し荒れた寂しい林道を進んで行くとあらわれます。

富山は金毘羅峰が標高三四九メートル、観音峰が三四二メートルの双耳峰で、これはダイダラボッチが山を枕にしたために窪んでしまったのだと地元では伝えられています。

この富山という山名は房総を切り拓いた天富命《あめのとみのみこと》に由来するといわれ、神武天皇に命を受け、豊かな土地を探し、はじめは現在の徳島県にあたる「阿波《あわ》」にたどり着きます。その後も天富命は忌部《いんべ》氏を引き連れて、豊かな土地を求め、今度は千葉県南部の「安房《あわ》」に上陸します。天富命が上陸した地には布良崎《めらさき》神社が建てられ、近くには安房国の一の宮である安房神社があり、忌部氏の祖とされる天富命の祖父である天太玉命《あめのふとだまのみこと》が祀られています。

天富命が到着した土地が同じ「アワ」の国となっていますが、天富命と忌部氏が船に乗って移動してきた航路には「メラ」という地名も多く残されており、房総の「布良」、静岡の「妻良」、和歌山県にも「目良」や「女良」といった地名が見えます。これは麻を栽培して布を織る忌部氏の女性を褒める言葉が地名化したものと考えられていますが、「房総」の「総」という字は、麻をあらわす古語で、つまり忌部氏が船に乗って到着した土地である「安房」、そこで麻を栽培した「総」の国が「房総」となるとのことです。

総は麻を意味しなかったとか、総国は古くは「捄国」と書いたという説もありますが、捄は麻のように「房状になる実」の意味もあることから、総の国と麻の関連が全く考えられないとも言い切れないと感じます。

明神山と洲崎神社

幻の山と縄文の洞穴

千葉県の最南端、館山市の海に突き出すような地形をした先端に安房の国の一の宮、洲崎《すさき》神社があります。海民の集落といった雰囲気が漂う街並みの先に、常緑広葉樹がこんもりと山となった場所があり、海に背を向けて見てみると、鳥居をくぐって伸びる参道が山を登っていくように続きます。

洲崎神社には修験道の開祖、役行者にまつわる伝承があり、役行者が大島に島流しになった頃に、洲崎神社の裏には一里一八町の明神山があったといわれます。ちなみに一里一八町はだいたい五八〇〇メートルなので、現実にあったとすれば富士山より高いです。

そんな巨大な山の八合目には大蛇が棲んでいて、麓で暮らす人々へ生贄《いけにえ》を要求して困らせていました。ある時、役行者が大島から明神山に五色の雲がかかっているのを見つけてやってきて、洲崎神社を管理支配していた養老寺の境内に穴を掘って、大蛇退治の願をかけたといいます。その満願の日に大蛇は退治され、同時に明神山は大爆発して、大きな石が飛び散り、そのひとつが浦賀の吉井村に落ちたとされます。洲崎神社の下の海にも落ちて、浦賀の石は口を開けていることから「阿《あ》」、洲崎の石は閉じているので「吽《うん》」と、海を挟んで阿吽の石となっています。

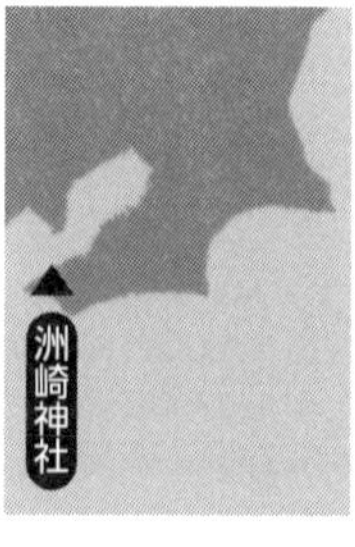

実際に横須賀市の吉井にある明神山の山頂には三浦半島最古といわれる安房口神社があり、そこには洲崎神社から飛んできたといわれる霊石が御神体となっています。そして洲崎神社の裏に現在、明神山はなく、御手洗山や大山と呼ばれる山が存在しています。

洲崎神社は安房の国の一の宮といわれますが、実は安房には一の宮が二つあり、もうひとつは同じ館山市内の安房神社です。この安房神社には房総を開拓した忌部氏の祖である天太玉命が祀られており、洲崎神社には天太玉命の妻である天比理乃咩命《あめのひりのめのみこと》が祀られています。

かつて源頼朝が伊豆での挙兵に失敗して船に乗って安房に逃れてきた際に、洲崎明神（洲崎神社）で源氏再興の願をかけ、そこから武家の頭領となるに至ったので武家の信仰が篤《あつ》く、いつしか洲崎明神が安房国一の宮と呼ばれるようになり、一八一二年には房総視察に訪れた幕府の重鎮であった松平定信が「安房国一宮洲崎大明神」と書き残したことから江戸時代に洲崎明神が一の宮と考えられるようになったそうです。

また、先に紹介した大蛇伝説と同じように大蛇退治をする話が、洲崎神社裏手の山の反対側にある鉈切《なたぎり》神社にも残されています。それは、むかし人々を苦しめた大蛇が洞穴に棲んでいて、神様が鉈で大蛇を退治したという話ですが、大蛇を退治するために鉈を研《と》いで試し切りして真っ二つに割れたという岩が「鉈研《なたと》ぎ石」として残されています。

鉈切神社は上の宮と下の宮に分かれており、上の宮を船越鉈切神社、下の宮を海南刀切神社と呼んでいます。鉈切神社の御神体は、大蛇が棲んでいたという洞穴で、そこは縄文人が住居として使っていたようで、縄文時代後期の土器とともに、魚を捕るための鹿角製釣針や貝輪、貝刃や大量のイルカの骨が見つかっています。また神社の社宝として丸木舟が保管されていますが、かつて洞穴の奥に年代不明の十数艘の丸木舟が伝え残されていたとされ、現存しているものは、そのうちの一艘だと考えられています。近隣の古墳時代の大寺山洞穴遺跡では丸木舟を転用し棺としていたことが確認されており、鉈切洞穴の丸木舟との関連が考えられています。

このように房総半島の南端に位置する山の周辺では、縄文時代に住居として使われた洞窟が、古墳時代に海を他界と考える葬送に関わる聖地となり、やがて山岳信仰を持ち伝えた一族の渡来によって、房総という国が形づくられていったのではないかという、時間の流れを感じることができるのでした。

また洲崎神社は館山沖六〇〇メートルの場所に分社があり、海底に鳥居が建てられています。ダイバーの人気スポットとなっていますが、僕もいつか参拝してみたいです。

伊予ヶ岳

千葉の山伏のおもかげ

南房総市にある標高三三六メートルの伊予ヶ岳は「房総のマッターホルン」と呼ばれますが、その山名は伊予の国にある石鎚山に似ていたからつけられたものでした。

房総を開拓した忌部氏の天富命から山の名がつけられた富山の隣に位置する山で、現在の四国にあった阿波の国から舟に乗り、安房の国にやってきた忌部一族が、同じ四国の伊予の石鎚を思い出してつけた名前なのだろうと思われます。

この伊予ヶ岳には多くの伝承や民話が残されており、そのうちの天狗の話に僕は興味を惹かれます。

むかしむかし、伊予ヶ岳に神通力を持った天狗が棲んでいて、里に降りてきては、米や野菜を盗んで人々を困らせていましたが、天狗が恐ろしくてどうすることもできませんでした。

ある日、増長した天狗は手紙をよこし、そこには「満月の夜に、村でいちばん美しい娘を伊予ヶ岳の麓の天神社に連れてこい。もし断れば天狗の団扇《うちわ》で村中を吹き飛ばす」と書かれていました。

村人は名主《みょうしゅ》に相談し、知恵を絞りました。そして天狗の団扇より何倍も大きい大団扇をつくると、天狗に見せびらかしました。天狗は大団扇が欲しくなり、自分の団扇と交換しました。やがて天狗が

大団扇をあおいで山から飛んで降りようとすると、団扇の神通力を失って、真っ逆さまに落ちてしまいました、という話です。

またこんな話もあります。

むかしむかし、伊予ヶ岳には天狗が棲んでいましたが、神通力があり、人を驚かせるようなことをしていたので、里の人たちは怖がって、その天狗と交流することはありませんでした。

しかし麓の村の大百姓の下男が、ある時、伊予ヶ岳の麓で天狗の落とした団扇を拾いました。男は天狗を恐ろしいと思いましたが大事な団扇がなければ不便だろうと思い、天狗に届けてやることにしました。すると天狗は喜び、お礼として男にたくさんのご馳走を食べさせました。

恐ろしいと思っていた天狗に旨いものをたらふくご馳走になり気分を良くした男は、それからたびたび、天狗に会うために伊予ヶ岳に通うようになりました。

しかし、そのうちに天狗に取り込まれてしまい。男は天狗のために伊予ヶ岳で法螺貝を吹き、山で一生を終えたのでした。

ここに登場する天狗は、おそらく山伏が民話化したものだと思われます。天狗に取り込まれた男の話も、事実にもとづいているとすれば、修験道や山伏の世界に関心を持っていた里の人間が、山の世界に足を踏み入れ、男自身が山伏になったものと思われます。

伊予の石鎚山は四国の修験霊場として今も名高い山ですが、房総の伊予ヶ岳も、山頂付近には鎖場があり、いかにも山伏が好きそうな山容です。かつてはここも山伏が拠点にする霊場だったのでしょう。

隣接する富山も修験道の行場のおもかげを残す山で、山伏たちはこうした山々をめぐり、鉱物を探していたと思われます。

富山には鉱物にまつわる話として、山頂に時を知らせるための鐘をつくろうとして、近隣の村々で協力して資金を集めた際に、山に住むという不思議な乙女があらわれて金を置いていく話が残されています。

また、同じ南房総市の八束《やつか》には、水銀が産出する場所につけられる「丹生《にゅう》」という地名がつけられているところがあり、こうした場所は全国的に見ても山伏の活動と無縁ではありませんでした。

房総には高い山はないのですが、探っていくと思いもよらないほど深い山の文化があらわれてきます。ちなみに伊予ヶ岳は山頂から富士山や伊豆大島も見ることができる、とても展望の良い山で、山に残されている文化を抜きにしても、一度訪れてもらいたい山です。

守屋山

縄文の影に見え隠れする製鉄の民

長野県は縄文遺跡の多い土地です。僕は諏訪郡にある井戸尻《いどじり》考古館に何度も通って、数多く展示してある土器や土偶を観に行ったものでした。中でも人面香炉形土器が好きで、それはランプを灯す容器のような形をした土器の正面上部に人の顔が象《かたど》られています。身体の部分が線で描かれているのですが、器に火を灯せば、容器に丸く穿《うが》たれた穴が胎内に火を宿しているように見えるようになっています。その背面は骸骨のような、蛇のような恐ろしい姿が象られており、四〇〇〇年前に諏訪に暮らした人たちの生と死に対する考えや、聖なるものに対する感覚にふれられるような気がしてきます。

近隣の諏訪大社は勇壮な御柱《おんばしら》祭でよく知られていますが、祭神がタケミナカタと、その妃であるヤサカトメで、古くはミシャグジという精霊やモレヤ神が祀られていたという説もあります。

ミシャグジとは石や樹木に関係が深い神・精霊であるとされ、縄文文化のおもかげを残す存在と考えられることもあります。諏訪では御左口神、他の地域では守宮神や石神や宿神という名であらわされることもあります。世阿弥の娘婿である猿楽師の金春禅竹《こんぱるぜんちく》は『明宿集《めいしゅくしゅう》』の中で、能楽の最も重要で神秘的な存在であるとされる翁の正体は宿神であるとし、古層の神であるミシャグジが芸能の神でもある可能性が浮かび上がり、多くの研究者の関心を惹いています。宿神がそのままミシャグジにつながるかどうかは十分な検討が必要だと思いますが、なんだかロマンのある話です。

日本神話の中には、タケミカヅチとの力比べに敗れたタケミナカタが出雲から諏訪まで逃げてくる「国譲りの神話」があります。またタケミナカタが諏訪へ入った時には、土着のモレヤ神と争いになり、モレヤ神は鉄を武具にタケミナカタに立ち向かうものの敗北し、タケミナカタに支配されるようになったと『諏訪大明神画詞《えことば》』には記されております。神話は完全なフィクションの部分と、実際の出来事を背景に物語がつくられている部分がありますが、諏訪に関わる物語は、何らかの出来事をもとにしていると考えられることが多く、物語の中でモレヤ神と鉄のつながりが示唆されていることから、モレヤ神の一族も土着先住の民ではなく、製鉄技術を持った渡来系の人々であった可能性が考えられます。

諏訪信仰では、神氏《じん》一族から八歳くらいの童児が、神を入れる器である「大祝《おおほうり》」として選ばれ、日光に触れること、大地に足をつけること、性交することなど、多くのタブーが課せられ、日常のおこないが長期間禁止される精進をしたのちに、神事を執り仕切る土着勢力の代表者であったと考えられる「神長《じんちょう》」守矢《もりや》氏から神を憑《つ》けられ、大祝自体が御神体となります。

大祝には、その分身とも考えられる「神使《おこう》」という存在がいて、周辺集落から選ばれた六名の幼児が、一年の間、神の使いを務めたのでした。この幼い神の使いにとり憑く神がミシャグジだといわれます。

諏訪大社の上社《かみしゃ》の背後には、標高一六五〇メートルの守屋山があり、守屋山はその名からも守矢氏との関連の深さを感じさせますが、江戸時代末に諏訪の神官だった井出道貞が記した『信濃奇勝録』には、守屋山がかつて「森山」と呼ばれていたとの旨が書かれています。

モリやムレやモロといった言葉がつく山は、そこが聖なるものが宿る場、あるいは祭祀に関連のある場であることをあらわし、僕が暮らしている東北でもモリという言葉のつく山々は、うかつに足を踏み入れ、そこで人に出会うと死ぬという言い伝えがあるなど、死者や聖なるものが宿るおそろしい場所と考えられることがあります。森山であった守屋山も、山の麓にある上社が建立される以前の祭場であったのではないかという説があり、この場所が諏訪信仰の始まりの場所だったともいわれます。

おそらく縄文人の文化には森山の信仰はなかったので、もし守矢氏がその信仰の始まりと関わりを持ち、神話の中でモレヤ神が鉄の武器を持っていたように製鉄をおこなう人たちであったのなら、縄文に由来する人たちというよりも海を渡って日本列島にやってきた人たちの子孫ではないかと僕は想像してしまいます。

なめとこ山

小十郎に出会いたい

宮沢賢治の『なめとこ山の熊』は熊撃ち名人である猟師の小十郎が主人公で、長い間、熊と関わっているうちに熊の言葉がわかるようになるくらい熊と近しい存在になります。嫌だと思いながらも他に仕事もなく生活のために熊を撃つなりわいをして、街に熊の毛皮や熊の胆を売りに行けば商人に足元を見られて二束三文で買い叩かれ、最後には熊に殺され、熊に葬送されるという話です。

小十郎は山と関わりながら生きているので、熊を殺すこともあれば、熊に殺されてしまうこともあります。しかし小十郎の足元を見る商人である「旦那」は自然の世界と断絶した街で暮らしているので、絶対安全なところから、自分より弱い者を踏みつける存在として描かれています。

「狐は猟師に負け猟師は旦那に負けるときまっている。ここでは熊は小十郎にやられ小十郎が旦那にやられる。旦那は町のみんなの中にいるからなかなか熊に食われない。けれどもこんないやなずるいやつらは世界がだんだん進歩するとひとりで消えてなくなっていく」

宮沢賢治はずるいやつらである旦那のような人間は、世界がだんだんと進歩すると消えてなくなると、未来にある種のユートピアを思い描いています。でも、ふと今の状況を思ってみれば、「ずるいやつら」は消えるどころか、ますます増えて力をつけているように感じます。それどころか、小十郎と同じように猟をしている人たちの中には、動物を殺すことを楽しんでいる人や、弱いものを踏みつけたり、旦那と同じようなずるいことをしている人が少なくないように思えます。

もちろん僕の知り合いには素晴らしい猟師もたくさんいます。でも宮沢賢治が思い描いたような未来はとうてい訪れそうにないな、と思います。もし「ずるいやつらは世界がだんだん進歩するとひとりで消えてなくなっていく」のであれば、それは世界が破綻して、ずるいやつらを含めすべての人間が消えてしまう時かなあと考えてしまいます。

そんな話は置いておくとして、物語の冒頭には「腹の痛いのにもきけば傷もなおる。鉛の湯の入口になめとこ山の熊の胆《い》あり」と書かれており、この「鉛の湯」が岩手県花巻市の奥羽山脈の山間にある鉛温泉のことなのだそうです。

明治一八年の『岩手県管轄地誌』には那米床山の記述があるものの、それがどの山を指すものなのか長い間わからなかったそうです。近年では鉛温泉の近隣の毒《ぶす》ヶ森あたりにある、中山峠の尾根筋がなめとこ山だったのではないかと研究者は考えているのだそうです。

個人的には、その場所が「物語の舞台になった、なめとこ山である」と決めてしまうよりも、宮沢賢治の想像力に刺激を与え、モデルになった場所と考えるくらいがちょうど良いのかなと思っています。

鉛温泉は東北の温泉の中でも、僕のお気に入りの場所で、鉛の藤三《ふじさん》旅館は湯治宿のおもかげを残した趣のある、ちょっと昭和初期の小学校を思い起こす木造の建物の温泉宿です。この旅館にある白猿《しろざる》の湯は日本一深い岩風呂とのことで、一階部分から扉を開けると地下に降りる長い階段があり、びっくりします。天井も高く、他に類を見ない構造をしており、また湯船の深さが約一・二五メートルある、立って入る特徴的なお風呂です。

こうした素晴らしい古い由来を持つ温泉は混浴であることが多く、白猿の湯もやはり混浴です。構造的に死角が少なく、若い女性は恥ずかしいかもしれませんが、女性専用の時間帯もあるとのことです。白猿の湯は、木こりが六〇〇年ほど前に白猿が湯で傷を癒しているのを発見したことが始まりだと伝えられています。もし小十郎が現実に存在したとすれば、きっと白猿の湯にも入ったのではないでしょうか。温泉は大事な山の文化のひとつですので、こうした良いお湯がずっと残っていってほしいものです。

伊吹山

鬼の山

滋賀県と岐阜県にまたがる標高一三七七メートルの伊吹山。山頂部は滋賀県にあり、滋賀県最高峰の山となっています。伊吹山は古くからの山岳信仰の拠点として知られ、多くの木彫りの仏像を彫った廻国聖の円空が修行した山とも伝えられています。

伊吹山は薬草の宝庫とされ、一五六九年に織田信長がポルトガル人宣教師と謁見し、薬草の重要性を進言され、希望に応えて伊吹山に薬草園をつくり、広く伊吹山の薬草が知られるようになったのだそうです。その際には三〇〇〇種の薬草が植えられたとされます。しかし、薬草園が山のどの場所にあったのかは今ではわからなくなっているとのことです。ただ、移植された際に紛れ込んでいたのか、ヨーロッパ原産のキバナノレンリソウ、イブキノエンドウ、イブキカモジグサといった雑草が現在でも山の中には生えているのだそうです。

伊吹山は人々の想像力をかきたてる山でもあったようで、ここには数多くの伝説が語り継がれてきました。『古事記』の中には伊吹山の神を殺害しようとしたヤマトタケルが山中で出会った山の神である白猪を、山の神の使いと勘違いし「今殺さずとも、還らむ時に殺さむ」と言挙げしてしまい、怒

った山の神によって大氷雨がおこされます。それに当たったヤマトタケルは気を失い、もうろうとする中、辛《かろ》うじて山から下りて、少し回復するものの、山の神の祟りによって命を落としてしまいます。古代の信仰では呪力を持った「言挙げ」を発する場合、間違いがあると良からぬことが身にふりかかると考えたようで、ヤマトタケルはそのために命を落としたのでした。

また伊吹山には伊吹弥三郎の伝説があり、一五世紀はじめの『三国伝記』には、伊富貴山に弥三郎という変化《へんげ》の者が山中の洞窟に棲み、人々から財宝を奪うなどして害をおよぼしたので、佐々木頼綱によって退治されるが、弥三郎の怨霊が蛇になって水害をもたらしたので井ノ明神として祀った、とあります。

この伝説にはモデルとなった出来事があるとされています。それは源頼朝に仕えた柏原弥三郎という武士が寺領を横領したという疑いで、佐々木定綱により討伐され、弥三郎は伊吹山に逃げ込んで盗賊になったというものです。

また、『御伽草紙』の中では、弥三郎は近江国の大野木殿の娘と通じ、大野木殿から酒を勧められ、飲みすぎて命を落とし、その後、娘の胎内に三三か月間宿って生まれた子供を大野木殿は伊吹の山中に捨てた、とあります。この捨てられた子供を伊吹童子といい、山中の水を飲んで不老長寿となり、仙術を体得し、鬼神を従えて暴れまわり、伊吹大明神に追放されて比叡山に移り住むものの、伝教大師最澄に敗れて大江山に逃げ込んだ、とされます。

山を追放され、比叡山で最澄に敗れて大江山に逃げるのは、鬼の頭領である酒呑童子《しゅてんどうじ》と共通します。

酒呑童子に関する物語はいくつもの異説が存在し、大きく分けて大江山系と伊吹山系に分けられるとされますが、伊吹山系の物語では、伊吹童子と酒呑童子は重ね合わすことができる存在として描かれることが多いのでした。

『大江山絵詞』では酒呑童子を退治するために源頼光は山伏の格好をして、宿を借りたいと鬼の城に潜り込みます。酒呑童子は山伏たちをもてなし、源頼光はスキをついて酒呑童子を襲うのですが、酒呑童子が山伏をもてなしているところに、物語を生み出した中世の人たちの観念の中で、山を拠点にしている鬼と山伏が近しい存在であったことがうかがい知れます。

源頼光にだまし討ちされた酒呑童子は「情けなしとよ客僧たち、偽りなしと聞きつるに、鬼神に横道なきものを（偽りがないと言っておきながら、騙すとは。鬼は騙したり、道に反したことはしないのに、人間は酷いものだ）」と言い残しました。人を食べておいてそんなことを言うのもどうかと思いますが、鬼には鬼の道理があり、なんとなく鬼の肩を持ちたいような気もしてきてしまいます。

磯砂山
羽衣伝説と御饌の神

『羽衣《はごろも》』という能の演目は、三保の松原で暮らす漁師の白龍が釣りに出かけた時、松の枝に美しい衣がかかっているのを見つけ、それを持ち帰ろうとすると、天女があらわれて「その羽衣を返してほしい」と言うものの、白龍は返そうとせず、「それがないと、天に帰れない」と天女があまりにも悲しむので、白龍は「舞を見せてもらったら衣を返す」と言ったところ、天女は舞い、やがて天に消えていった、という話です。

多くの人が、一度はこの話を耳にしたことがあるのではないかと思います。こうした天女が下界に降りてきて、衣を木にかけ、それを奪われる物語は「羽衣伝説」といわれ、地域によって登場人物や物語の結末が異なるものの、日本各地、あるいは海外でも同型の物語を見ることができます。

例として沖縄の宜野湾《ぎのわん》に伝わる物語はこんな内容となっています。むかしむかし奥間大親《おくまうふや》という人が畑仕事を終えて森の川に立ち寄った時、水浴びをしている美しい女がいた。奥間が衣を隠し、女の前に姿をあらわすと、衣がなくなっていることに気がついた女が「自分は天女で、衣がなければ天に帰ることができない」と泣くので、奥間は天女を家に連れて帰り、衣を倉に隠した。やがて二人の間

には一男一女が生まれ、女の子が成長すると遊びながら倉の奥に衣が隠されているという歌をうたい、それを聞いた天女は衣を見つけ、天に帰っていった。

男の子が成長し若者になると、按司《あじ》（地方の権力者）の娘が婿選びをしていると聞き、按司に娘を貰うと名乗りをあげると、馬鹿にされ追い返されそうになるものの、見所があると感じた娘は若者と結婚する。

若者の家はとても貧しかったが、家にある甕《かめ》などが金でできていて、若者に尋ねてみると畑にたくさん転がっていることがわかり、金を集めた二人は裕福になり、やがて人望を集めるようになった。若者の名は察度《さっと》といい、その後、浦添《うらそえ》の按司となり、初代中山《ちゅうざん》王国の王となった。

中山王国は後に琉球を統一して琉球王国となるのですが、物語の前半が羽衣伝説、後半が炭焼き長者の物語を借りた王権伝説になっていて興味をそそられます。

また海外に目を向けてみると、ニューギニアのカモロ族には、若い女たちが川で水浴びをしていると、蛇が木に吊るされていたフンドシを盗んでしまい、盗まれた女は蛇と結婚する、という物語があります。蛇は大きな竹の中で皮を脱ぐと人間の男になり、夫婦が地面を掘るとそこは川になり、夫婦は河口に住むことにした。夫婦がヤシを採りに出かける時、子供を女の母親である老婆に預けていくと、老婆は子供を殺してしまい、男が帰ってくると、男は老婆の腕や耳を切り、老婆は亀になってしまい、それ以来、人間は亀を食べるようになったといいます。

ここでは羽衣がフンドシになっていて、話の内容も荒唐無稽で素朴な印象を受けます。こうした神話はメラネシア、ミクロネシア、インドネシア、東南アジア、中国にもあり、死の起源を語る脱皮神話と結びついていると考える研究者もいます。

そんな中、日本の信仰文化を考える上で重要だと思われるのが、京都の磯砂《いさなご》山に残る物語です。磯砂山はかつて比治《ひじ》山と呼ばれ、その山頂にある真名井《まない》という泉で水浴びをしていた天女の衣を老夫婦が隠してしまい、天女はしかたなく老夫婦の元へ身を寄せます。天女が噛んでつくる酒は万病に効き、高く売れたため老夫婦は豊かになり、すると老夫婦は天女を追い出してしまった、という物語が磯砂山には伝えられています。

伊勢神宮の外宮に祀られる豊受大神は、比治の真名井から御饌《みけつ》の神として勧請されたとされますが、素朴な神話のおもかげを残す天女が、いかにして国家第一の宗廟と関わりを持っていくのか、そこには日本の宗教思想にとって一大事件ともいえる、大がかりな知的操作がおこなわれ、そのことによって生まれた幻想がさらにまた大きな幻想を生みだしていくのでした。その予震ともいうべき動きは、大和葛城山よりはじまります。

葛城山

役小角から伊勢神道へ

奈良と大阪の境に位置する葛城山からは、いくつもの重要な物語が生まれています。

雄略天皇が葛城山へ狩りに出かけた際、天皇一行とまったく一緒の格好をした者を見つけたので、何者かを問うと、「吾は、悪しき事も一言、善き事も一言、言ひ離つ神、葛城之一言主《ひとことぬし》大神なり」と答え、それを聞いた天皇はおそれ、一行の衣服を脱ぎ一言主に差し上げ、一言主は天皇を見送ったと『古事記』には記されています。『日本書紀』にも、雄略天皇が葛城山で一言主に出会ったことが記されていますが、そこでは共に狩を楽しんだという対等の関係になり、『続日本紀』では狩をして、天皇と争ったために一言主は土佐に流されてしまいます。

また『日本霊異記』によると、修験道の開祖とされる役小角《えんのおづぬ》が葛城山と金峯山《きんぷせん》に橋をかけようとした際に使役される存在になり、自らの姿が醜いために昼間は働きたくないと一言主が役小角に伝えたところ呪縛されて谷底に落とされてしまいました。怒った一言主は、朝廷に役小角が謀反を企てていると言いつけ、役小角は伊豆大島へ島流しになりました。

葛城山にある一言主神社は、雄略天皇の前に一言主があらわれた場所に建てられたものだといわれ

ますが、一言主が次第に零落していくのは、一言主を祀っていた賀茂氏の地位が政治的に低下していったことと対応しているのではないかと考えられています。また一言主を呪縛した役小角も賀茂氏の出身とされます。役小角は葛城山系の山々を開き、法華経八巻二十八品を各所に経塚を築いて納め、そこが葛城二十八宿として修験道の聖地となっています。

僕もそのうちの亀の瀬や明神山などを訪れたことがありましたが、明治の廃仏毀釈以降は所在地がわからなくなっていたり、関心を持つ人が少なくなったこともあり、明神山は何の変哲もない公園のような場所でした。また、亀の瀬は緑色の水とゴミが流れる大和川沿いにあるやはり何の変哲もない岩で、そこがかつての二十八宿だったとは教えられなければわからないような、現代の風景に溶け込んだ場所になってしまった印象でした。

葛城山では、こうした古い神や、修験道の物語と共に、後の日本の信仰にとって大きな影響をあたえた物語が生まれており、それが鎌倉時代につくられたとされる『大和葛城宝山記《やまとかつらぎほうざんき》』です。山本ひろ子『中世神話』によれば、『大和葛城宝山記』は「行基菩薩に仮託して神の始原や修験の霊山葛城山の縁起・根源性を述べた書」であり、「神祇《じんぎ》」の項には、このような内容が記されているとされます。

天地の始まりは、十方から風が吹き、大水を湛《たた》えていた。水上に神が生じ、一〇〇〇の頭と二〇〇〇の手足があり、常住慈悲神王《じょうじゅうじひしんのう》と名付けて、違細《いさい》（ヴィシュヌ）とする。その神の臍から千葉金色《せんようこんじき》の妙法蓮華があらわれ、まばゆい光の中に神がいて、結跏趺坐《けっかふざ》するこの神を梵天王《ぼんてんおう》という。この神はその心から八子を生み、その八子は天地人民を生んだ。これを名付けて天神という。また天帝の祖神と称する。

梵天王は「天帝の祖神」であるとされ、『大和葛城宝山記』には、天神の上首が天御中主尊《あめのみなかぬしのみこと》（天の下では伊勢豊受宮に祀る）、極天の祖神が高産霊神（上帝。天皇の祖神）、大日本造化の神がイザナギ・イザナミ（大自在天。今は日本の金剛山＝葛城山にいる）、地神六合の大宗が大日孁貴《おおひるめのむち》（日の神。毘盧遮那《びるしゃな》如来。天照大神《あまてらすおおみかみ》。伊勢皇大神宮に祀る）、瓊瓊杵尊《ニニギノミコト》（皇孫杵独王。外宮の相殿に祀る）と述べられています。

これらの記事を論拠にして、後に伊勢神宮外宮の神官であった度会《わたらい》行忠や家行が外宮に祀られている豊受大神が天御中主尊と同一の存在であるとして、天照大神をしのぐ神格を持つ神であるとした伊勢神道を確立し、中世の神道界に大きな影響力を持つようになったのですが、そのことは高倉山の項で見ていきたいと思います。

高倉山

大いなる豊受大神の発生

伊勢神宮には大小さまざまな一二五の社があり、内宮の天照大神と外宮の豊受大神がその中心となっています。

外宮の豊受大神は社伝である『止由気宮《とゆけぐう》儀式帳』によれば、雄略天皇の夢に天照大神があらわれ、「自分だけでは食事が安らかにできないので、丹波国の等由気大神を呼び寄せるように」と言ったことから、伊勢の地に鎮座するようになったとされます。天照大神に御饌を捧げる、つまり食事を捧げる神とされ、現在では天照大神と比べてそれほど存在感がないように感じますが、神道の歴史を紐解《ひもと》いてみれば、中世に勃興し、日本の宗教界に大きな影響を与えた伊勢神道においては天照大神を凌駕するほどの存在感を示していたのでした。

鎌倉時代に成立した伊勢神道は外宮の神官だった度会氏によってつくられたもので、度会神道とも呼ばれます。内宮と外宮は、たびたび対立することがあり、永仁四（一二九六）年に内宮と外宮とで訴訟が起こった際に、それまでは「豊受大神宮」と記していた外宮が注進状に「豊受皇大神宮」と署名し、内宮側からクレームが入り、論争になりました。

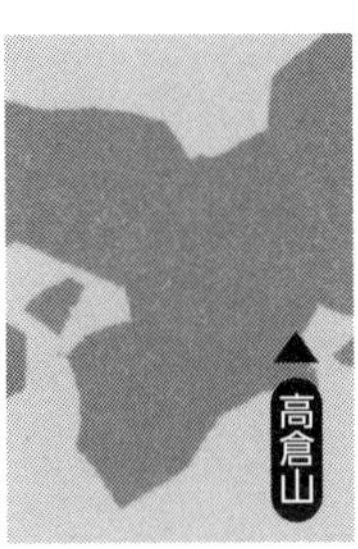

伊勢神道では豊受大神は、天地開闢《かいびゃく》の始源神である天之御中主神と同体であると主張します。その論拠となったのが神道五部書といわれる文書でした。その奥書を見れば奈良時代に編纂されたものとなっていますが、実際には神道五部書は鎌倉時代初期以降に外宮の神官によってつくられた偽書であったと考えられています。

この神道五部書に影響を与えたとされるのが、葛城行者の著作と推測される『大和葛城宝山記』で、その中には論拠は示されていないものの、「天之御中主尊が伊勢の豊受宮に祀られている」と記されています。

これらをもとに外宮の神官は豊受大神と天之御中主神が同体であることを主張しましたが、内宮側は「外宮の神は『日本書紀』にはあらわれていないが、『風土記』には丹波国与謝郡比治《よさひじ》の真名井《まない》の湯浴みした天女とあり、これが外宮の御饌の神」だと反論しました。しかし外宮側は「その天女はワクムスビの子のトヨウケビメのことで、あらわれた時代も祖神も外宮の神とはまったく違う」と内宮の意見をはねのけます。

社伝では豊受大神は丹波の国から呼ばれたとされ、豊受大神とトヨウケビメはその名前からも「とても近しい存在」であると感じます。しかし『風土記』には、トヨウケビメが外宮の御饌の神とは書いていないではないか、と外宮の神官は言うのです。

また神道五部書のうちの『宝基本記』は、「御饌」の神とされる豊受大神が、実は「御気都」の神であるとし、それは万物の命を救う水の働きをあらわすのだとしました。

もともと外宮では水を扱う儀礼が重要な意味を持っていて、豊受大神が天照大神に捧げる食事の水は、外宮の神体山である高倉山の西にある忍穂井《おしほい》の泉から汲まれたものであり、度会氏の祖神とされる天 村雲 命《あめのむらくものみこと》は天孫降臨の際に皇孫命《こうそんのみこと》に忍穂井の水を捧げていると伝えられています。天之御中主神の子孫であり天孫降臨に随行した天村雲命を祖神として、高倉山に連なる地に度会氏の祖神として天村雲命は祀られていますが、この神を祖神としたのも、自らの由緒を強化するために「後に」つくられた話であったと考えられます。

こうした操作によって、豊受大神は天照大神を凌ぐ存在とされ、中世の宗教界に影響力を持ちましたが、後の国学者からは小賢いものだと嫌悪感を持たれました。しかし現在のさまざまな神仏のあり方も、ほとんどが操作されたものであり、その時代ごとの影響を受けていない神仏は存在しないのではないかと僕は思います。

内宮の天照大神でさえ、ずっと同じように信仰されてきたわけではありませんでした。こうした思惑によって時代ごとに生まれてきた神話はその背後にその時代の知性の躍動を見ることができます。そこに自分たちの祖先たちがどのような想像力を発揮してきたのかを見つけ出すことに、創造的な豊かさが隠されているのだと僕には思われるのでした。

彦根山と大谿山豪徳寺

招き猫の発祥

世田谷区にある豪徳寺には、その名の通り豪徳寺という立派なお寺が建っていますが、江戸時代のはじめには貧しい猫好きの和尚が暮らす庵が建っているだけの場所だったそうです。

和尚は自分の分の食事を猫のために残して食べさせるなど、猫を我が子のように大変可愛がりました。ある時、和尚は「これだけ愛情を持って育ててやっているんだから、何か恩返しに福を招いてみろよ」と冗談まじりに猫に言ったそうです。それからしばらくした夏の日に、何やら外が騒がしいので見てみると、馬に乗った何人かの侍がやってきて「今、この寺の前を通り過ぎようとしたところ、猫が手を上げて我らを招くようなしぐさをするので、不思議に思って入ってきたところだ。せっかくなので少し休憩させてくれ」と言います。

侍が中に入ると、やがて雨が降り出し、雷鳴が轟きます。侍と和尚がしばらく話をしていると侍は、「自分は江州の彦根城主、井伊直孝である。猫に招かれ雨をしのぎ、あなたの話を聞くことができたのは仏の因果というものだろう」と言い、その後、この寺は井伊家の菩提所となり、寺名も直孝の法名である「久昌院殿豪徳天英居士」からとって豪徳寺となったとされます。

この土地は南北朝時代の頃に「世田谷御所」と呼ばれた吉良氏の所領で、吉良氏が世田谷城を築城したことに始まり、一四八〇年に吉良政忠が叔母を弔うため、弘徳院という庵をつくりました。その後、豊臣秀吉が小田原の北条氏を滅ぼした際に、吉良氏は姻戚関係があったために世田谷城は廃城になりました。

豪徳寺の名の由来は、てっきり弘徳院が元になっているものだと思っていましたが、直孝の法名に由来するとのことです。ただ、豪徳寺は、ふつう「ごうとくじ」というところ、地元の人は「こうとくじ」と濁らずに言うのだそうです。なんとなく弘徳院と関係があるように疑ってしまいます。

豪徳寺では再興のきっかけとなった猫が亡くなった際に、和尚が供養のために招猫観音菩薩を本尊とする招猫殿をつくりました。ふつう招き猫といえば福を招こうと片手を上げ、もう片方の手は小判を抱えていますが、豪徳寺の招き猫は小判などは持たないシンプルな姿をしています。このような豪徳寺に伝えられる猫にまつわる物語は、寺で飼われていた猫が恩返しをして、その結果、寺が栄えていくという「猫檀家」の類話に属するものといえそうです。

猫に招かれた井伊直孝は彦根藩主でした。直孝の父である直政は徳川四天王のひとりで、関ヶ原の戦いの後に、功により近江国の佐和山を与えられ、佐和山城に入城しました。そこは石田三成の居城であったためかやがて廃城となり、直政が亡くなった後に、近隣の金亀山《こんきさん》に彦根城を建てて城主となったのでした。彦根は豊臣側の勢力に睨みを効かせる重要な拠点であり、井伊家が徳川家にとっていかに重要な役割を担っていたのかがわかります。

二〇〇七年には、彦根山の彦根城築城四〇〇年として「国宝・彦根城築城四〇〇年祭」がおこなわれ、イベントキャンペーンにおいて「ひこにゃん」というゆるキャラが生み出され、ゆるキャラブームもあり、高い認知度があります。このひこにゃんが、なぜ猫なのかといえば、それは彦根城主であった井伊直孝と豪徳寺の猫の物語がモデルとなっているからなのでした。

ところで小島瓔禮《よしゆき》『猫の王』によれば、招き猫が全国に普及したのは、人気商売や花街の人たちのあいだで広まったことがきっかけで、遊郭などでは「男の人に関する特別な神器を信仰するが、人目をはばかる」ので、底の抜けた招き猫をかぶせて神棚に祀っていたとのことで、それが「猫かぶり」という言葉の由来という説もあるそうです。それを知って、これまでそれほど招き猫の置物に興味を持っていませんでしたが、底の抜けた招き猫が欲しくなってきたのでした。

立山
山伏と流通

富山県東部の立山は標高三〇〇三メートルの雄山、標高三〇一五メートルの大汝山、標高二九九九メートルの富士ノ折立の三つの峰の総称で、麓には、芦峅寺《あしくらじ》と岩峅寺《いわくらじ》と呼ばれる山岳宗教集落が存在します。また立山連峰の中には深田久弥の『日本百名山』のひとつである剱岳《つるぎだけ》もあり、弘法大師空海が一〇〇〇足のわらじを費やしても登頂することが叶わなかった急峻な山とされ、現在でも日本有数の難易度が高い危険な山として知られます。

新田次郎によって描かれた小説『劔岳　点の記』は、明治時代末に陸軍参謀本部陸地測量部の測量官であった柴崎芳太郎に、日本地図の最後の空白地だった剱岳の測量をおこなうようにと命が下りましたが、劔岳が立山信仰の中では禁足地と考えられていたために、麓の芦峅寺などでは山を案内してくれるガイドがなかなか見つからず、少し離れた和田村の宇治長次郎というガイドを雇い、なんとか劔岳への登頂を達成したところ、山頂には修験者のものと思われる古い銅製の錫杖《しゃくじょう》の頭部と鉄剣が置かれていた……という話でした。

明治以降に発達した近代登山が、今の僕たちがイメージする、いわゆる「登山」ですが、それ以前の山というのは死の世界と考えられる禁足地であったり、厳しい修行をした者でなければ無闇に入ることが許されない場所で、今の山にある登山道の多くは、もともと修験者がつくったものだったという話を思い起こさせます。

また、立山の山岳信仰からは、立山を信仰する各集落に札を配って廻る廻壇配札活動を元にした置き薬のシステム、いわゆる富山の薬売りが生まれており、山岳霊場と薬（物）の流通という山伏の性格をあらわす活動を見ることができます。

ただ山伏の活動は時代によってそのあり方がさまざまです。中世には剱岳などの険しい山々で命がけの峰入り修行がおこなわれていたものが、近世に入ると、延宝三（一六七五）年に芦峅寺衆徒が加賀藩郡奉行に宛てた書付に、立山での峰入修行が途絶えてしまったとの記述があるなど、立山の麓の芦峅寺では江戸時代のはじめ頃には深い山に入っていく修験道の修行はおこなわれなくなっていたようです。

近世初期には日本各地の山岳霊場で、それまでの山伏のあり方に変化をうながす状況があったようで、出羽三山の羽黒山でもそれまで真言宗だったものが、権力の庇護を受けるためであったのか、別当が徳川家康のブレーンであった南光坊天海の弟子に入るかたちで天台宗に鞍替えしています。

芦峅寺ではそれまで持っていた立山本寺別当や山中のお堂の管理などの立山の宗教的な権利を加賀藩から剥奪され、それらは岩峅寺に与えられることになりました。その結果、芦峅寺の人たちは諸国を廻り札を配り布教をおこなう御師的な活動に力を入れるようになったとされます。山岳霊場の修験山伏たちは戦国時代には戦に出る兵力ともなっていたので、その力をそぐために勢力を二分して拮抗させる策が各地でおこなわれ、芦峅寺と岩峅寺の関係にもそうした思惑を感じます。加賀藩自身も、寛永一六（一六三九）年に加賀藩と富山藩と大聖寺藩に分割されており、「富山売薬」も加賀藩のものは「加賀売薬」、富山藩のものは「富山売薬」とされ、多くの人が富山の薬売りでイメージしたものは富山藩のものであったそうです。

古くは嘉吉三年（一四四三年）の『康富記』に「薬売者施薬院所相計也」と売薬のことが記されており、室町時代には越中でも「唐人座」という薬を扱う人たちがいたとされます。

そういえば、ふと思い出したのが、少年時代にお腹が痛くなった時に、近所に住んでいた口寄せ巫女の老婆が何かのお札を飲ませてくれたことがありました。その時は不思議な気持ちでしたが、信仰心が厚い人たちにとっては、そのようにして飲むお札も薬の一種だったのではないかと思います。お札を配ることと、薬を配って廻ることは全然別のことのようでいて、昔の感覚ではそれほどかけ離れたものではなかったのかもしれません。

川原毛地獄

温泉が滝になって流れる奇所

何年か前に秋田県湯沢市にある川原毛地獄を訪れた時は、すっかり日が暮れてあたりは真っ暗になっていました。季節は風が冷たく感じる深秋の頃。車中泊をしながら東北を旅していて、男鹿半島の方から山形へ向かうのに、庄内側からではなく、真室川《まむろがわ》や新庄を抜けて車を走らせ、その途中にあった湯沢市の川原毛地獄に立ち寄ったのでした。

夜であったために山の様子はほとんどわかりませんでしたが、車の窓を開けた瞬間に強い硫黄臭が鼻をつきました。スマートフォンも圏外になり、地図が使えず、細い林道に入ってしまったので、川原毛地獄には行かずに、近くの泥湯《どろゆ》温泉に向かうことにしました。

泥湯温泉にたどり着くと、道路沿いに露出した岩肌が目につき、何かの工事をしているかのような雰囲気でした。看板を見てみると赤い太字で「立ち入り禁止区域のお知らせ」と書かれており、どうやら周辺のあちこちから毒ガスが噴き出しているようでした。僕はとりあえず温泉街の駐車場に車を停め、そこで眠りにつこうかと思いましたが、窓を閉めていても強い硫黄のにおいが漂ってきます。山の中では硫黄のにおいのする場所は要注意で、風のない日などに窪地や洞窟、もしくは積雪時に雪

川原毛地獄

が溶けた穴に硫化水素が溜まり、それを吸って事故が起きてしまうことがたびたびニュースになっています。日が昇って明るくなれば、その駐車場にいても大丈夫だったとわかりましたが、その夜、僕は硫黄のにおいのしない場所まで戻って、朝を待つことにしました。

翌朝、目が覚めて川原毛地獄まで車を移動し、目にした光景はかなりのインパクトがありました。植物が生えることを許さない白い岩肌が目の前に山としてそびえ、下の方にはトルコ石のような青色をした沼があり、あちこちから白い湯気が噴き出し、その噴出孔は硫黄のために黄色くなっています。

川原毛地獄は日本三大霊場とされていることが多く、また恐山や立山に並んで日本三大地獄とされることもありますが、それも納得の雰囲気です。

異様な風景が広がる川原毛地獄ですが、大同二（八〇七）年、月窓和尚によってこの地に霊通山前湯寺が開かれたと伝えられています。天長六（八二九）年には慈覚大師円仁が来訪し、法羅蛇地蔵と面を奉納したとされます。寺は明徳四（一三九三）年、湯沢市高松三途川に移され、さらにその後の長禄三年（一四五九）には稲庭村に移り、この地の権力者であった小野寺家の菩提寺となり、寺号を嶺通山広沢寺としたと伝えられます。

江戸時代に入ると、元和九（一六二三）年に川原毛地獄は硫黄採掘場となりますが、これだけ異様な雰囲気をただよわせる霊場が経済的な事業に取って代わられたことに興味を惹かれます。この頃は全国各地の霊場で価値観が大きく変化した時期で、川原毛地獄では、そこにあった寺も移動していたために経済的な価値観に対抗できるものがなかったのかもしれません。

江戸時代後期には菅江真澄がこの地を訪れ、「この山の硫黄火がさかんに燃えて、土はみな真白になったが、いまはところどころに五葉松が生え、他の木もまじって立っている」と山の姿を描写しています。また、すぐ近くにある滝に関しても記述がありますが、この滝はなんと川原毛地獄から流れ出す温泉の熱湯がそのまま落ちていくという驚愕の滝です。

温かな湯が滝になっているものは知床《しれとこ》半島のカムイワッカ湯の滝がありますが、かなり珍しい場所といえます。僕が訪れた時は秋も深まり、湯の温度も少し冷たく感じましたが、夏場は九〇度以上になる源泉と川の水が混じり合い、良い具合なのだそうです。温泉が滝になって流れてくるなんて夢のようですが、強酸性温泉で、しぶきが目に入ると沁みるので、長く入っていられませんでした。

那須岳

九尾狐終焉の地

栃木県の那須岳は深田久弥の『日本百名山』にも入っている山です。標高一九一五メートルの茶臼岳と標高一八九六メートルの朝日岳と標高一九一七メートルの三本槍岳を総称して那須岳と呼ぶのだそうです。現在は茶臼岳のことを那須岳と考える場合が多いようですが、最も標高の高い三本槍岳を那須岳とすることもあるようで、百名山のすべての登頂を目指す人たちは、茶臼岳を登れば良いのか、それとも三本槍岳も登らなければならないのかと、その混乱に頭を悩ますのだとか。

そんな那須岳ですが、近世には茶臼岳は月山と呼ばれており、それは出羽三山信仰が強い影響力を持っていた時期に、那須の山々に出羽三山の信仰のかたちを移してくる「勧請」がなされたためでした。出羽三山の奥の院であった湯殿山の御宝前は、茶臼岳八合目にある湯が湧き出す場所を見立てて、御宝前と呼んでいます。廃仏毀釈以前は現在の那須湯本がある場所に月山寺という寺院があり、そこから御宝前を見ると高湯山、対する三斗小屋方面からは白湯山と呼ばれ、信仰の拠点となっていました。

以前、那須でキャンプした際に近隣の北温泉の天狗の湯に入ったことがありました。北温泉は建物の古い部分は幕末に建てられたそうで、古き良き温泉宿といった趣があり、できれば誰にも教えたくないような温泉です。その天狗の湯には、天狗が日光から出羽国まで移動する途中でこの地に立ち寄り、大きな石を投げ飛ばしたところ、お湯が湧き出してきたという話が伝えられており、おそらくその天狗は山々を移動する修験者が物語化したものではないかと思いますが、天狗が日光から出羽国を移動していたということに興味を惹かれます。

北温泉から少し下ったところには那須湯本の温泉街があり、こちらは山中にポツンとある北温泉とは違い、人で賑わう湯治場の趣です。温泉街から少し上ったところには、妖怪好きであれば一度は訪れてみたい「殺生石《せっしょうせき》」があります。

このあたり一帯は、白い岩肌が露出し、草木が極端に少なく、賽の河原や地獄とされ、地蔵などの無数の仏像が並ぶ異様な光景が広がり、硫化水素などの毒ガスが噴出しているため、腐った卵のようなにおいが充満しています。殺生石とはそのような環境から想像されたものなのでしょう。松尾芭蕉が『奥の細道』でこの地を訪れた際には、いまだに石の毒気が残って、地面が見えないほど蜂や蝶などの虫が死んでいると、その様子を記しています。

この殺生石は中国やインドで王妃に化けて多くの人々を死に至らしめた大妖怪九尾狐が、その後に海を渡って日本にやってきて鳥羽上皇に寵愛された玉藻前《たまものまえ》となり、上皇を病にして陰陽師に正体を見破られ、逃れた先の那須野において退治されて変化した姿とされます。退治されてもなお石に近づく者の命を奪うとされ、科学が発達し、それが噴出する有毒ガスによる中毒だとわかる前は、かなり恐ろしいものだったのではないでしょうか。

火山の周辺にはこうした地獄とされる場所があり、全国各地で見ることができます。僕が暮らしている山形の近くでは、秋田の川原毛や玉川温泉、宮城側の蔵王の山中にあるかもしか温泉跡地が思い浮かびます。

ただ川原毛ではその土地にあった寺が違う場所に移るなどしたために、江戸時代初期に硫黄採掘場になり、蔵王のかもしか温泉跡は、もともと温泉が湧き出していた場所に旅館が建ち、その旅館も雪で潰れてしまったために、現在は山中にぽっかりと白い岩肌が露出し、噴気孔からガスや硫黄や水蒸気が立ち上る野湯となっています。

かもしか温泉は、かつて架かっていた橋も崩れ、山道もわかりにくく野生動物も多い場所なので、訪れる際には注意が必要です。

鋸山

絶景とギザギザの岩肌

千葉県の房総半島を千葉市の方から車に乗って南下してくると、大きな壁がそびえているように見える鋸山《のこぎりやま》。鋸山を越えるとあたりの雰囲気が一変するように感じるのですが、そこにあるのは海民の文化のにおいで、黒潮の流れに乗って北上してきた人たちの生活からにじみ出ているものだと感じます。

千葉人であった僕にとっては、小学校や中学校の校舎から、空気が澄んでいる時に見ることができる鋸山は親しみのある存在でした。ノコギリという面白い名前がふさわしく思えるその岩肌は、石材の産地として江戸時代から採石がおこなわれていたためで、周囲の山々からはかなり目立つ姿をしています。ちなみに鋸山の石は早稲田大学や靖国神社などの施設に使用されているのだそうです。

鋸山にはロープウェイがあり、僕が訪れた時には乗客たちの中にカップルの姿が多く目につきました。ロープウェイを降りた後の山道は、街で暮らしている人にとっては、少し険しいものに感じるかもしれません。そのため、初々しいカップルも急坂では自然と手をつなぎ、まるで縁結びの山のようでした。カップルで思い出すのが、何年か前に鋸山で写真撮影をしようとしたカップルが手をかけた

聖徳太子像を倒して破壊してしまったということです。カップルは逃走し、その後、出頭しましたが、未成年であったとのことです。聖地を訪ねるのは良いとしても、文化財が多くあるので注意してほしいところです。

山の上からの展望はかなり良く、東京湾を行き交う船や富士山がよく見えます。また「地獄のぞき」があり、ゴツゴツした岩肌の印象と相まって、いかにも山伏が好みそうな山といえます。「のぞき」という修行をする行場は、現在でも大峰山でおこなわれているものがよく知られているところですが、行者を縄で縛り、崖からぶら下げるという修行です。鋸山でもおこなわれていたのでしょうか。実際に中世期には修験山伏たちでかなり賑わいを見せていたと伝えられ、江戸時代以前の天正年間には、里見氏の庇護を受け、寺領を持つ寺となったとのことです。

鋸山は正式には乾坤山《けんこんざん》といい、山内には日本寺という薬師瑠璃光如来を祀った曹洞宗の寺院がありますが。この寺は聖武天皇の詔勅と光明皇后の令旨によって神亀二（七二五）年、行基によって開かれたと伝えられます。

また良弁や弘法大師、慈覚大師などが訪れたという伝説もあり、当初は法相宗であったものが、天台宗となり、真言宗となり、徳川家光の頃に曹洞宗に改宗したとのことです。

山内には高さ三一メートルの大仏と、一五五三体の羅漢像があり、一体一体、姿や表情の違う羅漢像は見ていて飽きません。寺は七堂十二院を有し栄えたものの、明治の廃仏毀釈による破壊、火災による焼失、戦時中には要塞となるなど荒廃し、戦後の復興事業を経て現在の姿になったのだそうです。

地獄のぞきは景観が良いことから、たくさんの人で賑わっていましたが、個人的に感動したのは、岩が削られてできた道を進んでいくと、あらわれる百尺観音でした。昭和四一年に第二次世界大戦の犠牲者たちを供養する目的でつくられたもので、それほど古くはありませんが、鬱蒼《うっそう》とした木々の木漏れ日が差す中、植物のつたがからみついている数十メートルもあろうかという岩肌に囲まれた場の雰囲気と巨大な石仏は、アジアのどこかの古代遺跡のような錯覚をあたえます。

千葉県に住んでいる人でも、鋸山に行ったことがあるという人は案外少ないように感じますが、実際に訪れてみると、景色も良いし、特異な岩の姿や、そこにある古い信仰の痕跡を面白く思う人が多いのではないかと感じました。

鹿野山
千葉県人なじみの山

千葉には標高の高い山がありません。しかし、だからといって地元の山に対する信仰がないかといえば、そんなことはなく、聖なる山があり、山々をくまなくつなぐ山伏たちのネットワークが存在しました。

千葉で生まれ育った僕にとっては千葉の代表的な山といえば、まず鹿野《かのう》山の名前が思い浮かびます。鹿野山を構成するのは白鳥峰（三七九メートル）、熊野峰（三七六メートル）、春日峰（三五二メートル）で、各峰には白鳥神社、神野寺、春日神社が鎮座します。

鹿野山という名前にピンとこない人は「マザー牧場」のすぐ近くの山、といった方がわかりやすいでしょうか。少なくとも関東に住んでいる人には「ああ、あの辺の山か」とイメージできるのではないかと思います。

古くはヤマトタケルが東征の際に、鹿野山麓の木更津にやってきて、そこから白鳥に導かれて鹿野山に至ったという伝説があり、白鳥がとまった場所が白鳥神社になったのだと伝えられます。そして推古天皇六（五九八）年には聖徳太子がこの地を訪れ、神野寺を創建したと伝えられます。「かのうざ

ん」から「かんのてら」になって神野寺になったという説もあります。この神野寺にはかつて境内に動物園があり、昭和五四年に飼っていた虎が逃げ出し山狩りの末に射殺され、忌野清志郎が追悼コンサートを開くという出来事がありました。

千葉は縄文文化の色濃い土地で、千葉市は貝塚が日本で最も密集している場所なのだそうです。ヤマトタケルの東征の際にも、この地には先住民がいたのではないかと想像します。神話や伝説の中で先住民は鬼として表現されることが多くありますが、マザー牧場のある鬼泪山《きなだやま》はヤマトタケルに追われた鬼が涙を流したという伝説に由来するとのことです。

また神野寺には本尊として薬師如来と軍荼利《ぐんだり》明王が祀られていますが、軍荼利明王の像は、先住民の王である阿久留王＝悪路王の像なのだという説があります。悪路王といえば、坂上田村麻呂《さかのうえのたむらまろ》に倒されたという有名なエミシの首領です。この王の墓とされる場所が白鳥神社の近くにあり、杉林の中にこんもりと盛られた塚になっています。東北のイメージが強かったのですが、千葉の鹿野山にも悪路王の伝説があることに少し意外な思いでした。ヤマトタケルと坂上田村麻呂は生きた年代も異なり、おそらく征服された先住民のイメージが悪路王と重なり、物語がつくられたのだと思います。

小学生の頃、学校の遠足で訪れたマザー牧場では、子豚のレースを楽しんだり、風に揺れる緑の牧草にのどかさを感じるばかりでしたが、その山の歴史を紐解くと、ヤマトタケルや先住民や鬼がうごめく舞台があらわれてきます。

鹿野山の山名は、鹿がたくさんいたので「鹿野苑」に由来するといわれます。鹿野苑とはインド北部のサールナートという土地で、お釈迦様が悟りを開いて、初めて教えを説いた仏教の聖地のことです。また興味深いところでは鉄や金などの鉱物が採れることから、もとは「金生山」と呼ばれていたという説もあります。

千葉県内には古墳時代初期の沖塚遺跡、古墳時代中期の鎌取遺跡、奈良時代の鍬田甚兵衛山北遺跡など、鉄と関係する遺跡が多数あります。先端技術開発の研究のために一九九〇年代頃から整備されていた、鹿野山近くの「かずさアカデミアパーク」でも、建設に伴う発掘調査で二重山遺跡、山ノ下製鉄遺跡で八世紀の製鉄の痕跡が見つかっています。

山名の由来の正否は置いておくとしても、鹿野山周辺で製鉄に関わりを持った集団が活動していたことはたしかであると思われます。

山岳信仰と製鉄の関わりはあらためていうまでもない深いものです。ヤマトタケル東征神話の残る土地に入り込んだ、製鉄技術を携えた修験者たちが、自らの正当性を強調するために神野寺の開祖を聖徳太子として、征服された先住民の怨霊を恐れ、先住民の王、またはそれを象徴する土地の神を、障害を取り除き外敵から自らを守ってくれると考えられた軍荼利明王に彫り込んだ。そんなふうに僕は想像してしまいます。

清澄山

星の信仰と日蓮聖人

樹齢は八〇〇年とも一〇〇〇年ともいわれる千葉県内最大の樹木である「清澄の大スギ」や、鴨川市指定天然記念物の「清澄の大クス」、絶滅危惧のヒメコマツが生え、千葉県内でも豊かな自然が残るとされる清澄《きよすみ》山。千葉は高い山がないので「自然があまりないのかな」と想像している人もいるかと思いますが、実際には房総丘陵は草木が生い茂り、クネクネとうねる枝と葉の隙間から光が漏れる森の中は暗く、さながら熱帯のジャングルに迷い込んだような錯覚を起こすほど、ワイルドな自然があるところです。

宝亀二（七七一）年、この地に不思議法師という不思議な名前の人物があらわれたと伝えられます。その人物が山中にある龍池のほとりで、古い柏の木が夜ごとに光るのを不思議に思って見ていると、老人がやってきて「自分はあなたが来るのを一〇〇〇年待っていた。この不思議な木で虚空蔵菩薩を彫れば、その利益は無量無辺であろう。自分は妙見菩薩で、この山を千光山というのは、この光を放つ不思議な樹木があるためである」と述べたので、不思議法師は老人の言葉に従って、光る樹木で虚空蔵菩薩と妙見菩薩の像を彫りました。そうしてできあがった二尊の像でしたが、山深い場所であっ

たために、それらを祀り安置するのに適した場所がなかなか見つかりませんでした。しかし、神人から「自分が持っている土地が枯れてしまったので、あなたに譲ろう」というお告げがあり、不思議法師が喜んでこの場所に伽藍を建てて像を安置し、清らかな水が湧き出すように念じると泉が湧き出し、それから、この地が「清澄」と呼ばれるようになったのだそうです。

また清澄山は、別名「妙見山」と呼ばれています。ほとんど資料がないことから、不思議法師という人物がどのような存在であったのかはわかっていません。ただ、北斗七星と北極星を象徴する妙見菩薩、金星を象徴する虚空蔵菩薩といった星に対する信仰を持った集団がこの地にやってきて、このような物語を生み出したのであろうと思われます。

妙見信仰を持った渡来系の人としては、日本で最初に妙見の祭りである「北辰祭」をおこなったとされる、百済《くだら》の聖王の第三王子であった琳聖《りんしょう》太子が思い浮かびます。伝説の色彩の強い琳聖太子は「多々良」と名乗ったとされ、タタラ製鉄と関連が深い人物です。不思議法師に代表される清澄山を拠点にした集団も、こうした星信仰を持った製鉄集団であったのではないかと想像されます。

このような妙見菩薩は千葉との関わりが深い存在で、中央アジアの砂漠を移動する遊牧民とのつながりが考えられます。目印となるようなものが何もない砂漠で北極星によって方角を得ていた人たちの信仰に端を発し、遊牧民によってインドに伝わり、仏教に取り入れられ、それが中国に伝わると道教や儒教や陰陽道の影響を受け、中国大陸から渡来してきた人たちによって六、七世紀頃に日本列島にもたらされたと考えられています。七、八世紀頃、妙見信仰を持った渡来人たちが関東に移住させられ、一二―一三世紀には千葉氏によって八幡菩薩と習合し、戦勝神として独自の性格を持つようになります。千葉妙見宮として長く千葉氏を守護する存在として祀られてきましたが、明治の廃仏毀釈の折に、千葉神社となり今に至っています。

清澄寺には、承和三（八三六）年、慈覚大使円仁がこの地を訪れたという伝説があり、清澄寺は天台宗となり、天福元（一二三三）年には、現在の鴨川市小湊で生まれた日蓮宗の開祖である日蓮が、清澄寺で出家しています。現在、清澄寺が日蓮宗にとって重要な聖地となっているのはこのためです。

江戸時代初期には徳川秀忠の命により真言宗に改宗し、大正時代には日蓮聖人の銅像がつくられたことで信者の参拝が増え、昭和二四年に日蓮宗へと改宗したのでした。

富士山

日本を象徴する山

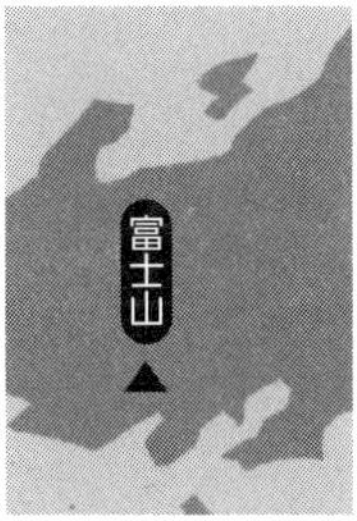

日本を代表する山といえば、多くの人が思い浮かべるのが富士山ではないでしょうか。富士山への信仰は各地で見ることができますが、僕が生まれ育った千葉市にも稲毛浅間神社があります。東京湾の埋め立てにより海岸線から遠くなってしまいましたが、埋め立て前の海岸線からせり上がるように小高い山になっている場所に稲毛浅間神社があります。

毎年七月一四日と一五日に祭りがおこなわれ、ＪＲ稲毛駅から神社へ続く道が交通規制され、縁日の屋台が一キロほど並び、子供たちは綿アメを買ったり型抜きをするなどしてとても華やかで、僕は子供の頃からこの祭りを楽しみにしていました。

富士信仰の中では、各地域に富士山を模したこんもりとした塚が築かれることがあり、それを富士塚といいます。都内にも品川や千駄ヶ谷などに富士塚があり、富士山をミニチュア化したような富士塚には麓に当たる場所に里宮があったり、七合目にあたる場所に洞窟があったり、富士山の山容が再現されています。

子供の頃には気がつかなかったものの、小高い山である稲毛浅間神社も富士山への登り口の吉田口、須走口《すばしり》、大宮口を再現した三本の参道がつくられた、ミニチュア富士山の形をしていました。人の手で盛られたものではない自然の地形を元にしているので富士塚といえるのかわかりませんが、それに類するものとは考えられそうです。

こうした山岳信仰としての富士山の始まりをつくったのは末代《まつだい》上人、または富士上人と呼ばれる人物で、平安時代末に編纂された『本朝世紀』の久安五（一一四九）年の条には末代上人が富士山山頂に大日堂を建立したという記事があります。

後に富士山信仰が広がりを見せた背景には、信仰を布教し人々に広める信者組織の存在があり、それを富士講といいました。富士講の開祖とされるのが藤原角行で、角行の伝記『大行の巻』によれば、天文一〇（一五四一）年に長崎で生まれた角行は一八歳で常陸国の行者金行の弟子になり、やがて役行者が夢にあらわれ、富士山を目指すようになりました。その後、富士山麓の人穴という洞窟に赴き、そこで厳しい修行をして、江戸に病が流行した際には、人々を救おうと弟子とともに江戸を訪れるものの、キリシタンの疑いで取り調べを受け、その疑いが晴れた後に人穴に戻り、その中で一〇六歳で亡くなったとされます。

さらにその後、寛文一一（一六七一）年に伊勢国に生まれた富士山信仰の最重要人物のひとり、食行身禄こと伊藤伊兵衛は一三歳で江戸に出て、さまざまな商売をおこない、一七歳の時に富士行者月行の弟子になりました。身禄はそれから修行を続けましたが、まだ富士講というものはそれほど庶民に受け入れられてはいませんでした。江戸の庶民に富士講が爆発的に広まるきっかけとなったのは、身禄六三歳の時に、富士山七合目の烏帽子岩の下に籠り、断食をして入定、つまり亡くなったことでした。

身禄の死は江戸の庶民に大きなインパクトを残し、岩科小一郎『創成期の富士講』によれば、それまで富士行者は教祖の家に信者が出入りするか、教祖が地方へ赴いて法会をおこなっていたものが、身禄の死後は身禄の直弟子が各自独立して講親となり、その弟子や、弟子の弟子も独立して講を誕生させていくようになり、江戸八百八講といわれる広まりを見せ、幕府からたびたび禁制の町触れが出されたそうです。富士講の隆盛は時代とともに下火になっていきますが、大正時代の関東大震災で東京が焦土になる頃まで続いたとされます。

こうした江戸時代に盛んだった富士山への信仰ですが、僕が子供の頃に祭りで稲毛浅間神社に詣っても、それが富士山と関係があることを知らなかったように、現代の人たちとのつながりは分断されてしまっているように感じます。ただ、現在でも晴れて空気が澄んでいる日には千葉の海岸線から富士山がよく見え、そんな時には多くの人たちが富士山をスマートフォンなどで撮影しているのを見かけます。かつての信仰が薄まった今もなお現代の人の心を動かす、富士山の大きな存在を感じることができます。

また千葉生まれにとっては、ディズニーランドが浦安の地を選んだ要因のひとつに、そこから富士山などの山が見えなかったからという話も思い起こさせられます。ディズニーランド内にはビッグサンダーマウンテンなどの山がつくられ、そのモデルはアメリカ先住民の聖地であるセドナのサンダーマウンテンであるとされます。訪れる人をディズニーの世界の幻想に浸らせるためには、古くから信仰の対象になって幻想をまとう山が見えることは避けなければならなかったのでしょう。

多くの現代人にとっては、生々しい幻想をまとう現実の山よりも、その土地から根切りされたつくり物の山の方が親しみを持てるのかもしれないとも思えてくるのでした。

霧島山
秘密宗教と山

九州の南部、鹿児島と宮崎の県境に広がる霧島山をグーグルマップで見た時に、ボコボコと穴の空いた地表に驚きを感じました。ここはまさに火山の巣のような場所で、それゆえ温泉地や自然環境に恵まれて独特の文化をつくり出しています。霧島という名は霧深い山であるからついたともいわれ、僕が訪れた時にも霧が立ち込めてほとんど景色が見えない状態でした。また噴火口から立ち上る煙が霧のように見えたのでその名がついたという説もあります。近年も新燃岳《しんもえだけ》の火山活動が活発になり、状況によって一部登山に規制がかかることもあります。ただ火山が好きな僕にとっては気持ちが高ぶってくるところもあるのでした。

霧島を聖なる山という観点から見れば、まず天の逆鉾《さかほこ》が立てられている高千穂峰があり、ニニギノミコトが葦原の中つ国を統治するために天下った天孫降臨の地と伝えられています。また平安時代中期に活動した聖である性空によって、高千穂峰の周囲にあった聖地が霧島六社権現として整備されました。現在霧島神宮となっている西御在所霧島権現が中心的な役割を持ち、一大山岳霊場を構成していました。

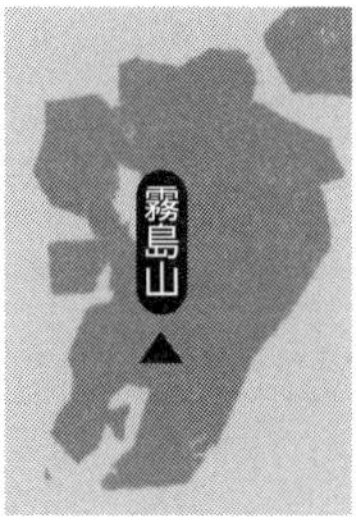

この霧島神宮に参拝に訪れるカヤカベ教という一種の秘密宗教があり、大変関心を惹かれます。もともとは江戸時代初期に薩摩出身の宮原真宅という山伏が、京都から浄土真宗の念仏信仰を薩摩に持ち帰ったところからカヤカベ教は始まったといわれます。戦国時代には織田信長をはじめ大名たちが浄土真宗の一向一揆によって苦しめられ、それを恐れた島津氏によって念仏信仰は厳しく禁止されており、宮原真宅は磔刑によって殺されました。

薩摩の浄土真宗を信仰する人々は、江戸時代に弾圧を逃れるために隠れて念仏信仰を持ち続けましたが、その際「けっして自分たちの信仰のことを誰かに知らせてはいけない」という教えが生まれ、明治九年に信教の自由が鹿児島に布達されても以後一〇〇年もの間、秘密を守り続けていました。カヤカベ教の存在に注目が集まったのは第二次大戦後に小学校の給食が始まり、牛乳をどうしても飲まない生徒がいたために不思議に思った担任が家庭訪問をおこない、食物のタブーを持ったカヤカベ教の存在が知られるようになったためでした。

カヤカベという名は本尊である阿弥陀如来を茅葺きの壁に隠したためとか、茅の壁に向かって礼拝するためなどといわれます。宗教的な行事は夜中におこなうなど、外部に露見することを恐れて儀礼が構成されていたことがうかがえます。

こうした環境の中で信仰が続けられれば、もともとの浄土真宗の教えから変化が生じてくることは想像するに難しくありません。実際、明治以降に鹿児島をおとずれた浄土真宗の僧侶は鹿児島の念仏信徒たちの「都とは違う」あり方を眉をひそめて見ていたようです。

そうした鹿児島の念仏信徒やカヤカベ教について知った時に、僕は故郷の千葉を思い出していました。千葉には山形の出羽三山に対する信仰が厚く、現在でも集落の人たちがつくる出羽三山講というものがあります。山形で暮らすようになり出羽三山の山伏の文化を知ってから、千葉の出羽三山講を訪れてみると、そこでおこなわれていた儀式のやり方は、かなりメチャクチャなものでした。

というのも出羽三山でも明治時代におこなわれた神仏分離や廃仏毀釈といった出来事の中で、山伏たちが廃業したり、千葉など遠方にある講廻りなどを熱心におこなわなくなったりして、一部では信者たちが放置されている状況が生まれていました。

千葉の出羽三山講でおこなわれていた儀礼は本来のものからすればおかしなところがあるかもしれません。でも僕にはそれが人から人に伝えられてきた一〇〇年の中で新たに生まれつつある文化のようで大切にするべきなのではないかと思えたのでした。

頑なものの見方からは時代や地域によってあらわれてくる特徴が許し難いものと感じられるかもしれません。しかし僕自身は文化というものは時代によって変化していくことでその命が保たれるものだと考えています。カヤカベ教のあり方は伝統や文化を考える上でひとつの視点をあたえてくれているのではないでしょうか。

熊野山

「死のにおい」がたち込める地

アマテラスの弟神であるスサノヲは謎多き神であるといえます。『古事記』では須佐之男命、『日本書紀』では素戔嗚尊、『出雲国風土記』では須佐能袁命などとあらわされ、そのそれぞれに性格やおこないが異なり、時代によってもこの神の解釈はさまざまで、神仏習合の時代には多くの神や仏と重なり合い、スサノヲは理解の難しい、一筋縄ではいかない神という印象です。

　スサノヲに関わる神話について『古事記』をたどってみると、次のようになります。

「イザナギとイザナミが国々を生み、イザナミは火の神を産んだ際にやけどを負い亡くなってしまう。イザナギは黄泉《よみ》の国にイザナミを訪ねるが、そこで死体となったイザナミに出会い、恐ろしくなって逃げ帰ってくる。その後、イザナギは黄泉の国の穢《けが》れを祓《はら》うために身体を洗い、その際に左目からアマテラス、右目からツクヨミ、鼻からスサノヲが誕生した。

　イザナギはアマテラスに高天原、ツクヨミに夜之食国、スサノヲに海原を統治するようにと命じるが、スサノヲは亡くなったイザナミを恋しがり根之堅洲国《ねのかたすくに》に行きたいと、アゴヒゲが胸の先まで伸びる大人になるまで泣きわめいた。そのため山は枯れ、海は乾き、災いが起き、イザナギは怒って『そ

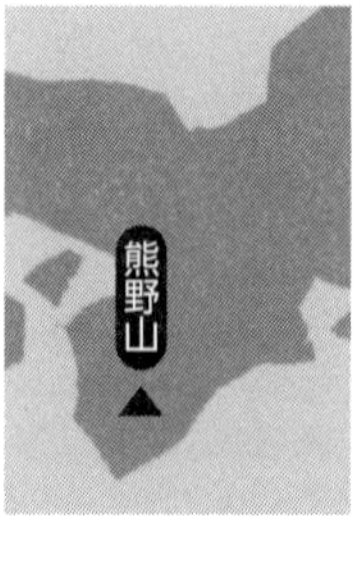

れならば、この国にいてはならない』とスサノヲを追放した。

スサノヲは根の国の前に高天原にアマテラスを訪ねるが、アマテラスはスサノヲが高天原を奪いにきたのではないかと警戒したので、スサノヲは『誓約《うけひ》』をして自らの潔白を証明した。

潔白が証明されると、スサノヲは『我勝ちぬ』とアマテラスの田の畔を壊し、溝を埋め、祭殿に糞を撒き散らし、服屋に逆剥ぎにした馬を投げ入れたので、驚いた機織《はたお》り女が機織り機に女性器を突いて死んでしまった。

恐れたアマテラスは天岩戸に隠れてしまい、世界は暗く、常に夜のようになってしまった。困った神々は相談して天岩戸の前に集まり、そこでアメノウズメが伏せた桶を踏み鳴らした。その様子を見て神々が笑い、それを不思議に思ったアマテラスが戸を開けて外をのぞいたところをタジカラヲノカミが手を引いて引き出し、世界は明るくなった。そして神々は相談してスサノヲに罪を負わせ、ヒゲと手足のツメを切り、追放した。

その後、スサノヲは食べ物をオオゲツヒメに求め、オオゲツヒメはそれに応じて鼻と口と尻からさまざまな食べ物を出すが、スサノヲはそんな汚いものを食べさせようとするのかと怒り、オオゲツヒメを殺してしまった。

殺されたオオゲツヒメの頭には蚕が生まれ、目からは稲、耳には粟、鼻には小豆、性器には麦、尻には大豆が生った。

追放されたスサノヲは出雲国の鳥髪《とりかみ》という地に降り、そこで泣いている老夫婦に会い、娘のクシナダヒメをオロチに贄《にえ》として差し出さなければならないと聞き、娘を貰い受ける約束をしてオロチを退治した。

オロチの尾からは草薙《くさなぎ》の剣が出てきたので、それをアマテラスに差し上げ、スサノヲは出雲に宮を建てて住むことにした。宮をつくった土地にたどりついた時に『我が御心すがすがし』と述べたので、その土地のことを須賀《すが》という。宮をつくる時には、スサノヲは『八雲立つ　出雲八重垣　妻籠みに八重垣つくる　その八重垣を』という歌をつくった。

それから、スサノヲの七代目の子孫であるオオナムヂは、兄弟の神たちが嫁に欲しいと願ったヤガミヒメがオオナムヂの嫁になると言ったことから恨みを買い、逃れるために根之堅洲国に行き、そこでスサノヲの娘であるスセリビメと出会い結婚する。スサノヲはオオナムヂを蛇がいる部屋やムカデと蜂がいる部屋に寝かせたり、野原で火を放ちオオナムヂを焼き殺そうとした。それらの危機を乗り越えてオオナムヂはスサノヲの生太刀と生弓矢を盗み、スセリビメを連れて逃げ出すが、スサノヲは黄泉の国と葦原中国の境にある黄泉比良坂《よもつひらさか》まで追ってきて『その生太刀と生弓矢で兄弟神を追い伏せて、スセリビメを妻として国の支配者となれ』と述べた。

それからオオナムヂは大国主《おおくにぬし》として兄弟神を追い払い、初めて国をつくった。

ヤソヒメはスセリビメを恐れて、子供を木の股に刺し、帰ってしまった。その子の名前は木俣神《きまたのかみ》といい、またの名を御井神《みいのかみ》という」

これが『古事記』の中でのスサノヲに関連するおおよその内容です。『古事記』が成立したのは七一二年で、そのわずか八年後には正史とされた『日本書紀』が成立しています。『日本書紀』は「一書に曰く」として多くの異文を収録してあり『古事記』が三巻であるのに対して、『日本書紀』は三〇巻もあります。それゆえにここでは理解しやすいように『古事記』をテキストとしました。

正史とされた『日本書紀』を重視し、『古事記』を軽んじる状況は、江戸時代の中頃に本居宣長が『日本書紀』を「漢意《からごころ》」の影響で書かれたものと批判し、『古事記』に書かれていることが上代のことなのだと考え、『古事記伝』を記し、『古事記』が再発見されるまで続きました。

また記紀神話は他者の目に触れることを前提として書かれたものでしたが、『風土記』は奈良時代に地方の文化風土を記して天皇に献上した報告書という性格があり、『出雲国風土記』には記紀神話にない、いくつかのスサノヲの記述があります。

こうした神話群は後世の宗教家が自家の信仰について我田引水気味に利用することもあり、より一層スサノヲをわかりにくい神にしていますが、そのために豊かな物語が数多く生まれたのだともいえます。

記紀神話は、誕生してからのスサノヲの描かれ方にも違いがあり、『古事記』ではイザナギから海原を治めるように命じられますが、スサノヲは亡くなった母イザナミに会いたいと「妣《はは》の国、根の堅《かた》州国《すくに》」に行きたいと泣き続けたことで、「汝はこの国に住むべからず」とイザナギの怒りに触れました。一方、『日本書紀』ではイザナミの死に関しての記述はなく、スサノヲは誕生してから泣いている理由は語られません。いずれにしても「哭《な》きいさちる」スサノヲによって山々の植物が枯れ、海が干上がるような災害が引き起こされたため、スサノヲは追放されることになりました。

このスサノヲが泣くことによって自然に宿る命を奪う恐るべき力について、考古学者ネリー・ナウマンは縄文遺跡からの出土品に目の下に涙のような模様が描かれる土偶が見られることから、スサノヲ神話の原型が土偶の中に見られるのではないかと推測しました。

その後、『日本書紀』第八段一書第四によると、スサノヲは妣の国へ行く前に姉であるアマテラスに会うために高天原を訪れ、そこで乱暴狼藉を働き、怒ったアマテラスが姿を隠す天岩戸の物語となります。スサノヲは高天原を追放され、出雲へ赴くのですが、『日本書紀』ではスサノヲは出雲に行く前に、息子のイソタケルと共に、新羅《しらぎ》の曽尸茂梨《そしもり》に滞在するとあります。そのことがスサノヲと朝鮮半島を結びつけ、スサノヲが朝鮮半島からやってきた神、あるいは朝鮮半島から渡来してきた人たちに祀られていた神であったと考えられるようになったのでした。中世には、天台宗寺門派総本山の三井寺（園城寺）の護法神である神羅明神とスサノヲは同体であるとも考えられ、スサノヲが朝鮮半島と関わりがある神であるという観念が強かったことがうかがえます。

神話の中での朝鮮半島との関わりといえば、朝鮮半島の最古の歴史書である『三国史記』に記された新羅の第四代の王である脱解《だっかい》のことが思い浮かびます。この歴史書には脱解は倭人であり、卵となって朝鮮半島に流れ着き王になったとの記述があり、それがそのまま史実ではない神話的な話だとしても、朝鮮の歴史書に新羅の王のルーツが倭人と書かれていることが驚きでありますし、日本列島と朝鮮半島の間に一方通行ではない人の流れがあったことが想像できます。『日本書紀』第八段一書第五には、スサノヲが韓郷《からくに》から熊成峯《くまなりのたけ》に行き、そこから根の国に入ったとされており、またスサノヲの子イソタケルが木の種を持って紀伊国に入ったとも記されています。

出雲で現在、天狗山と呼ばれている山はもともと熊成峯や熊野山と呼ばれており、後に天宮山となって、それが天狗山になったのだと伝えられますが、本居宣長は『古事記伝』の中で、熊成峯をクマナスと読み、ナスはノと同じであるから、それがクマノになったのだと考えました。『日本書紀』雄略天皇二一年の条には、百済《くだら》が高麗《こうらい》に敗れたと聞き、天皇が久麻那利《こむなり》を百済の王に賜ってその国を救い興したとの記事があります。久麻那利という言葉に興味を惹かれますが、久麻那利は古い朝鮮の言葉でコム（熊）、ナリ（川・津）をあらわし、かつて百済があった場所には、今でも熊津という地名が残されているのだそうです。

熊成峯・熊野山が朝鮮半島の地名から取られたものかどうかたしかなことはわかりませんが、個人的には朝鮮半島との関わりの中で出雲の山中に熊野山という名がつき、人と信仰の移動とともに紀伊半島の山に熊野山が移動したのではないかと考えています。

出雲でも紀伊でも、熊野ではスサノヲが祀られ、その聖域は神話の根の国のように死者のにおいがたちこめる場所でした。

修験山伏が活動する時代になると、熊野は詣れば必ず往生できるという、絶対の救済が約束される霊場となり、蟻の熊野《くまの》詣《もうで》とうたわれるほど多くの人で賑わいました。

熊野参詣の道は死出の旅であるといわれ、山本ひろ子『変成譜《へんじょうふ》』によれば、それは修験道の葬送の作法を元にし、例えば吉田神道の卜部《うらべ》家出身で天台宗の学僧である慈遍の『天地神祇審鎮要記』には、「熊野権現は参詣者と結縁し浄土へ引接する。それゆえに道の作法は野辺送りの儀式である」として、「イザナギはイザナミの死を見て、穢れを洗い流すために祓えをおこなおうと、履《くつ》を脱ぎ、杖を留めた。これは今で言う葬送の儀礼である。だからイザナギが禊《みそぎ》をした小戸川は三途川《さんずのかわ》に当たる。今これは熊野の岩田川のことである」と述べています。

かつて熊野詣では熊野権現の末社である発心門王子で参詣に使ってきた杖を献じて、先達から新たな杖を授与されたとされます。それは慈遍のいう葬送の儀礼であり、行為を通して自らを神話化していくことに他ならないと思います。

僕が拠点にしている月山から湯殿山へ至る道の途中にも装束場と呼ばれる場所で、ワラジを履き替える作法があり、今ではその意味は忘れられてしまいましたが、それは葬送の作法であったのだと僕は思います。そして山の中でワラジを履き替えると伝えられている場所がある山は日本各地にあり、その根源は熊野であり、イザナギとイザナミ、そしてスサノヲの神話であるのだと思います。かつて活発に活動した熊野山伏がばら撒いた、日本の山にたちこめる死のにおいの先には、無数の顔を持つスサノヲが立っている。そう僕には思えてしまうのでした。

第三章　山岳信仰以外の山

駒ヶ岳

太陽信仰と縄文人の集落設計

駒ヶ岳という名前の山は日本各地に多く存在しますが、北海道渡島《おしま》半島の鹿部《しかべ》町、七飯《ななえ》町、森町にまたがる駒ヶ岳は、北海道駒ヶ岳や蝦夷駒ヶ岳、渡島駒ヶ岳、あるいは渡島富士などと呼ばれています。僕が道南を訪れた際、駒ヶ岳は二つの峰の山かと思っていましたが、それは見る角度によって姿形が変わるからなのだそうで、実際には標高一一一三メートルの砂原岳、八九二メートルの隅田盛、一一三一メートルの剣ヶ峰の三つのピークがある山となっています。

北海道駒ヶ岳は幾度となく噴火してきた火山で、もともとはひとつの峰の山だったものが、一六四〇年、一六九四年、一八五六年、一九二九年などに大きな噴火を繰り返して山が崩れ、その後も小規模な噴火は続き、現在の姿となったといいます。ちなみに北海道駒ヶ岳の周辺地域は全国ではじめてハザードマップを作成した地域なのだそうです。

駒ヶ岳の近く、海岸線から一キロほど内陸の森町には縄文時代後期の鷲ノ木遺跡があります。ここは現在非公開となっていますが、道内最大の環状列石があります。環状列石はストーンサークルとも呼ばれますが、輪のように石が配置され、石の位置を天体の運行と重ね合わせることによって暦を知

ろうとしたものだという説があります。鷲ノ木遺跡の環状列石も、立冬の日没が駒ヶ岳山頂と石を結ぶように設計されているともされ、縄文時代後期の人たちがどのように自然と世界を把握しようとしていたのか、うかがい知ることができるようです。

北海道駒ヶ岳は一六四〇年以前、五〇〇〇年間ほど火山の休止期があったとされ、鷲ノ木遺跡に人が暮らしていた縄文時代後期には、北海道駒ヶ岳の噴火活動はなかったようです。しかし、山の南に位置する函館市の南茅部町にある、太平洋に面した垣ノ島遺跡は九〇〇〇年前の縄文時代早期から、三五〇〇年前の縄文時代後期の長期にわたって集落の変遷を追うことができ、北海道駒ヶ岳が六〇〇〇年ほど前に大きな噴火を起こしたその頃の生活の痕跡が途切れているため、垣ノ島遺跡で暮らしていた人たちも被害を受けたのではないかと推測されています。

垣ノ島遺跡は縄文遺跡の中では規模が大きく、早期後半の墓制からどのように死者を扱い、弔っていたのかを知ることができ、中期は東北地方北部との関わりから人の交流について知られ、後期には盛り土遺構がつくられていますが、縄文後期後半には忽然と姿を消してしまいます。こうしたことから、東北から北海道にかけての縄文人の生活を知ることができる、とても重要な遺跡となっています。

個人的に興味を惹かれるのは、垣ノ島遺跡で出土している、子供のものと思われる六五〇〇年前の足形や手形を付けた土版です。土をハンバーグ状に平たくして、そこに手や足を押し付けてつくった土版は、亡くなった子供の手形足形を付け、土版に穴が開けられていることから紐を通してどこかに掛けて、母の死後、一緒に葬られるとか、現在の七五三のお祝いのように、子供の成長を祝ってつくられたものであるとか、諸説あります。

僕は山形の埋蔵文化財センターで、山形県村山市の西海淵遺跡から出土したという同様の足形土版を見たことがありました。縄文時代中期の西海淵遺跡は東北地方から北海道南部に見られる大木式土器の分布圏で、垣ノ島遺跡でも出土していることから、共通の文化を持った人の行き来があったことが想像されます。

また垣ノ島遺跡で特筆すべき点は、九〇〇〇年前の世界最古と考えられる漆器が出土していることで、それまで中国大陸から渡来してきたとされてきたウルシを扱う技術が、大陸と日本列島それぞれで生まれ、発展してきたものだという見方が強まりました。

ただ、この最古の漆器をはじめ多くの出土品が二〇〇二年に発生した火災で損なわれてしまったことは、とても残念でした。

こうした文化が北海道駒ヶ岳の麓に根付いていましたが、そこで暮らした人たちに山がどのようなものとして映っていたのか興味が尽きません。

羅臼岳

大自然に息づく神話世界

オホーツク海に突き出た知床半島には標高一六六一メートルの羅臼《らうす》岳があります。シャチを見るために船に乗った時、陸地を見返すと、春の終わりになっても白い雪をかぶった雄大な羅臼岳の姿が強く心に残りました。

北海道と国後《くなしり》島の間を根室海峡と言い、浅い海と、沖合の水深二〇〇〇メートルを超える千島海盆があり、その独特な海底地形が豊かな海をつくり出し、多くの鯨類が回遊する海となっています。羅臼の海ではシャチに出会うことができて、自分でも意外なほど感動したことを憶えています。

知床半島は沿岸地域を含め世界自然遺産に登録され、今なおヒグマやシマフクロウといった野生動物が多く生息する土地として知られています。北海道のヒグマといえば、『羆嵐《くまあらし》』という小説のモデルにもなった、大正四年に苫前郡苫前村三毛別《さんけべつ》で起きた、ヒグマが何度も民家を襲い、七名の人々が殺害された三毛別羆《ひぐま》事件を思い出して震え上がる思いがしますが、恐ろしいイメージがあるヒグマよりも本州のツキノワグマの方が神経質で攻撃的な性格ともいわれます。クマが生息する山に入る僕にとってはクマの情報はいつでも気になるものですが、神経質であろうと穏やかであろうと、野生動

物です。人間の考えの及ばない理由で襲ってくることがあるので、注意するに越したことはありません。

北の民のクマに対する信仰において、知床の北にある網走市の網走川河口の砂丘につくられた七世紀頃の集落遺跡であるモヨロ貝塚は、アイヌ文化に先立つオホーツク文化の痕跡を今に伝えます。遺跡には竪穴式の住居跡があり、そこには祭壇と思わしき場所にヒグマの頭蓋骨が並べられ、クマに対する信仰があったのではないかと推測されています。東北山間部の狩猟民の熊送り「ケボカイ」や、アイヌ文化の「イヨマンテ」などのクマに関する祭礼の中でよく知られていますが、北海道の擦文《さつもん》文化の中にはクマに対する信仰がなかったという説があり、オホーツク文化の中にあったクマに対する信仰が、トビニタイ文化を経て、アイヌ文化に受容されていったのではないかと推測されています。

鮭が遡上してくる秋にも羅臼を訪れたことがあり、海岸でヒグマを目撃したことがありました。ヒグマは人間の存在なんか、ちっとも気にしていないようで悠然と歩いて森の中に消えていきましたが、ふと足元を見るとヒグマに食べられた魚の骨が消化されずにウンコとなって点在していました。

星野道夫の著作『イニュニック』には、北米先住民に「鮭が森をつくる」ということわざがあると書かれています。森の川で育った鮭が孵化して海に出て成長し、数年後に再び故郷の川へ子孫を残すために戻ります。それを果たせるもの果たせないものはいるのでしょうけれども、鮭はクマをはじめとした動物たちの胃袋を満たし、やがて糞が森で分解され、土へと還って森を養っていく。そんな遠いアラスカの話かと思っていた光景を、知床でも見られたことが大きな感動でした。

クマに出会った場所の近くに流れ出ていた小川の名前はカムイモンペといい、アイヌ語で「神の方にいる人たち」となるそうです。カムイとはアイヌ語で神様を意味すると同時にクマをあらわす言葉でもあります。川の上流には深い森と山があり、川が自然の王であり、神であるクマと海をつないでいる存在に思えました。北海道には本州と同じような山岳信仰があまり根付いていません。しかし自然を前にした時に感じる畏れや敬う気持ちは、どんな時代や地域でも共通するものがあるのだと、僕は知床の自然の中で感じたのでした。

昭和新山

信仰なき時代の幻想

タツノオトシゴのような形をした日本列島の頭の部分が北海道だとすれば、喉元のあたりに洞爺《とうや》湖があり、その傍らに標高七三三メートルの有珠山《うすざん》があります。さらにその傍らに脈打つ心臓を思わせる真っ赤な岩肌が露出した昭和新山があり、標高は三九八メートルです。洞爺湖は一一万年前の噴火でできたカルデラが湖になったもので、現在でも活動を続けている有珠山は二万年前の噴火で形成されたものとされています。

有珠山はロープウェイで山を登ることができ、山の上から有珠外輪山遊歩道を歩いて、洞爺湖や羊蹄山や内浦湾を展望することができ、かなり展望が良いです。内浦湾は噴火湾とも呼ばれ、周辺に火山が多いことから、その昔、大噴火が起こり巨大カルデラが湾になったものかと思いましたが、もし噴火が起きたとすればあるはずの火山噴出物がないことから、偶然、噴火したような形になっているだけなのだそうです。

噴火湾という名前は一七九六年にイギリスの探検家、ウィリアム・ブロートンがこの地を訪れた際に内浦湾を見て「Volcano Bay（噴火湾）」と述べたことに由来するのだそうです。

昭和新山

洞爺湖や有珠山周辺を見渡してみると、たしかに今にも溶岩が吹き出してきそうだと感じるほどの迫力があり、その最たるものが昭和新山ではないかと僕は思います。
第二次大戦のさなかの一九四三（昭和一八）年一二月二八日、洞爺湖周辺に地震が頻発、土地が隆起しはじめ、翌年の六月二三日に噴火が始まり、その後、爆発的な噴火が一〇月の終わりまで続き、一二月頃から溶岩ドームが大きくなっていき、昭和新山が生まれました。その成長を記録したのが、当時、壮瞥郵便局長だった三松正夫でした。
三松正夫は一九一〇年の有珠山噴火の際に、地震学者の大森房吉による現地調査の手伝いをしており、火山の噴火に遭遇したものが客観的科学的に状況を観察することが、その後の噴火防災に役立つという考えから昭和新山の観察をおこなったとされます。
三松正夫は顎を台の上に乗せ、水平にテグス糸を張って火山を観察する定点観測法を独自に考案しました。その記録は「ミマツダイヤグラム」と呼ばれ、それまでそのような火山の成長の記録は存在しなかったため、学術的にもとても貴重なもので、昭和新山が世界中の火山学者に知られる理由のひとつになったのだそうです。

また、三松正夫は昭和新山が後世の人々にとって重要な遺産になるであろうと考え、行政に保護を訴えましたが、当時の行政からは火山の保護などということはまったく理解されず、私財を投げ打って昭和新山の土地を購入しました。火山の噴気孔からは硫黄が採掘できるために、放っておけば採掘業者が山を切り崩して、その記録的な価値を損ねてしまうことも考えられ、また麦畑だった土地が隆起して火山になったために収入源を失った農民たちを救済するためであったといわれます。

三松正夫は世界的に見ても貴重な昭和新山の記録を残すために「昭和新山資料館」を一九六九年に開き、没後一〇年には「三松正夫記念館」と改称されました。館長をつとめる三松三朗氏によれば、三松正夫は昭和新山を我が子のように思い、雅号も「愛山」としていたのだそうです。

信仰が共同体を結びつけていたかつての社会であれば、昭和新山のような生々しく活動する自然は信仰の対象となり、そこには共同体の幻想である神話が生まれていたのではないかと感じます。しかし信仰の力が弱まった現在に神話は生まれず、生まれたとしても三松正夫が山を我が子と思ったような個人的な幻想なのだと思います。このことは山や自然で生まれる幻想、習俗、文化に関心を持つ僕にとって、とても興味深い事例です。

三松正夫は幼少より絵の心得があり、昭和新山を描いた絵画は、近年、美術評論家の椹木野衣《さわらぎ》によって紹介され注目を集めました。三松正夫記念館に展示されている、迫力ある山の絵と、まさに息づいている昭和新山の地面の暖かさは僕にとって忘れがたいものとなっています。

太田山

ヒグマと円空と崖

北海道を旅していると、やはり空の広がりや山のスケール感の大きさなど本州とは異なる雰囲気に圧倒される気持ちになります。

北海道久遠郡せたな町の海岸沿いも、まさにそのような場所で、どこまでも広がっていくかのような日本海に奥尻島が浮かんでいるのが見え、背後には切り立った崖がそびえ、その一角に太田山神社が祀られています。もともとはこの土地で暮らしたアイヌの人たちによって「オホタカモイ」と呼ばれる神を、松前藩の始祖・武田信広が太田大権現として名を改め、さらに明治四年の神仏分離令によって猿田彦大神が祭神として祀られるようになったとのことです。

近頃テレビ番組等で「日本一危険な神社」と紹介されることが多く、目にしたことがある人もいるかもしれません。実際に登拝してみると、たしかに急勾配の階段や、断崖絶壁を鉄鎖で登る箇所などがあり、いかにも山伏《やまぶし》が好きそうな霊場という感じがしてきます。でも「日本一危険」かといわれれば、山伏が好む霊山の中にはもっと危険なところがたくさんあるので、ちょっと大袈裟な表現のように思いました。

ただ、この太田山にはヒグマも出没するらしく、近隣ではたびたびヒグマに襲われ、怪我をする事故が起きています。二〇一三年四月には山菜採りの女性がヒグマに襲われ死亡しており、怖い気持ちもしてきます。大きいもので体重五〇〇キロにもなるヒグマは、人間を見つけてちょっと遊ぶ気持ちで腕を振り回しても、人間にとってはその一撃が致命傷になりかねません。同じ北海道の西側にはヒグマに襲われ七名が命を奪われた三毛別羆事件も起きており、そのことを思い浮かべると、もしヒグマと遭遇してしまった場合には、日本一危険な神社という言葉も間違っていないように感じてしまいます。

しかし、それでも太田山は面白い場所であると思います。標高四八五メートルほどの山の中腹の洞窟内にある本殿から見る景色は、自分が鳥になって空を飛んでいるような気持ちにさせてくれるものでした。僕が訪れたのは午後の太陽が少し傾きかけた頃で、海面に反射する太陽の光がとりわけきれいでした。

さらに僕にとって興味深いのが、太田権現を江戸初期に活躍した仏師・円空が訪れていることです。一刀彫といわれる技法でつくられた「円空仏」はシンプルで荒々しい刃跡でありながらも、どこかあたたかみのある表情が特徴的で、昭和に入ってから発見され、ブームを巻き起こしました。円空は伝統的な仏教僧というよりも、そこには収まりきらない漂泊する聖や山伏としての性格を強く持っています。またこの山には円空より後の時代の仏師として知られる木喰《もくじき》も訪れています。修験山伏であれば拝しておきたい霊山だったのでしょう。円空は一六六〇年頃にこの地を訪れ、太田権現を参拝し、多くの仏像を彫ったと伝えられています。それから後の一七八九年には江戸後期の旅人として名高い菅江真澄《すがえますみ》も『えみしのさえき』の中で、太田権現で多数の円空仏を見たと書き残しています。

円空や木喰といった修験山伏の徒が北海道にやってきたのは、自分たちの信仰を伝えるためともいわれます。現在から考えれば、それは余計なことのようにも感じますが、本州から北海道に渡ってきた彼らは、北海道の雄大な自然を前にしてどのようなことを思ったのでしょうか。想像がふくらみます。

北海道の文化は、アイヌの文化、縄文文化などの痕跡を感じさせ、文字を持たなかった彼らの文化は限られた資料を追うか、古老の話に耳をかたむけるか、現在ではその間口が広いとはいえない状況になりつつあります。重厚でありながら、その核心をとらえがたい無文字文化の上に、近世以降にやってきた本州の文化の重なり合いが感じられる太田山も、また歴史を背負った霊山といえるかと思います。

第四章 金属と猫と狼

蔵王山

炭焼長者伝説を持ち伝えた人々のおもかげを追う

宮城県と山形県にまたがる蔵王連峰は、蔵王山という単独の山があるわけではなく、標高一八四一メートルの熊野岳を主峰とする、あたり一帯の山々を含めて蔵王山と呼んでいます。

蔵王とは、修験道の開祖とされる役小角《えんのおづぬ》が奈良吉野の金峯山《きんぷせん》で感得した蔵王権現にちなんだ名前です。以前、地元の人と話をしていた時に「蔵王はその名前からも修験道とゆかり深い土地ですね」と言ったところ「そうなんですか？」と聞き返されたことがあります。その方は地元で教育に携わっている人だったので驚いてしまいましたが、土地の歴史や文化に対する関心はそんなものなのかなあと寂しく思ったことがありました。

そういう僕自身も、歴史や文化的なことに関心を持つ前は、蔵王といえばスキーや温泉といったリゾートのイメージが強く、山伏《やまぶし》の世界に足を踏み入れ、蔵王山と奈良金峯山の蔵王権現が関わりあるということを知って、こんなに距離が遠いのにその文化を持ち運んだ人がいたのだと驚きを感じました。しかし、蔵王の麓の山形市宝沢《ほうざわ》にはさらに長い時間の蓄積を感じさせる物語が残されていることを、その後に知ったのでした。

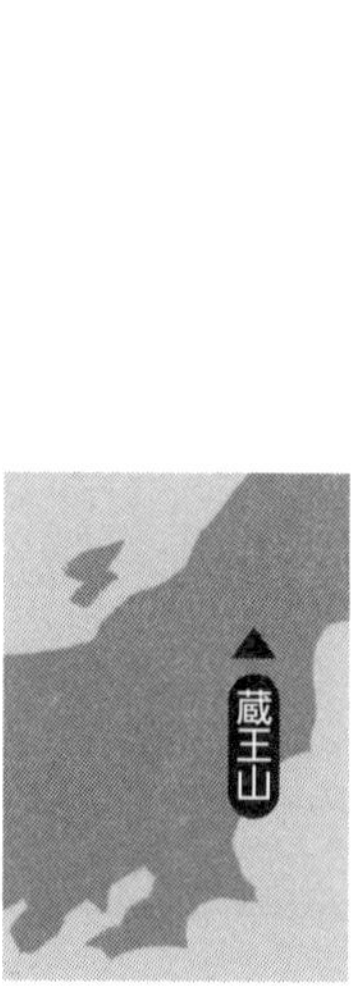

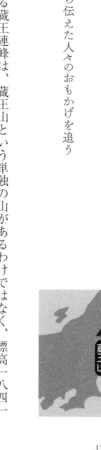

その物語では、宝沢の地に炭焼藤太という炭焼きの男がいて、そこへ藤原氏の中将姫が清水観音のお告げによって、藤太の妻になるためにやってきます。姫は黄金を藤太に渡して米を買うように言いましたが、藤太は国分寺薬師堂の池で鴨に黄金を投げつけてしまいます。姫はこの話を聞き、惜しみましたが、藤太は「あんなもの山にいくらでもある」と言い、そして二人は山に行き黄金を集めて長者になったという話です。

この炭焼きをする若者の元に、仏のお告げを受けた高貴な女性が嫁入りし、若者が女性から金を渡されるものの、身近に転がっているものとしてその価値を理解せずに投げ捨て、女性にそれが高価なものであることを教えられ、長者になるという型の話は、土地によって登場人物の名前に違いがあるものの、山形だけでなく沖縄から青森まで各地に分布しています。

民俗学者の柳田國男はその話の発祥が九州大分であり、金属の売買をおこなった漂泊者によって持ち伝えられたものであると考えました。蔵王麓の「宝沢」という名は金属を沸かすタタラがあった場所で、タタラがタカラになり宝沢となったのではないかという説もあります。柳田國男がこの話の発祥地とした大分周辺は六郷満山《ろくごうまんざん》などがある、古いタイプの修験道や金属民との関わりが深い宇佐信仰が根付き、そういった文化が大陸や朝鮮半島から渡来してきたとも考えられる土地です。柳田國男が思い描いたように、たしかに金属を求めて山に入っていった人たちの痕跡が見え隠れするようです。

また、大陸に目を向けてみると、雲南省のペー族にはこんな話が伝わります。王の子である白娃《ペーワ》が家を出て、張保君《チャン・バオチュン》という炭焼きの若者の嫁となる。夫婦は王に挨拶に行くが、「お前たちの家から城まで道に銀を敷き詰め、金の橋を架けるまでは来るな」と追い返す。夫婦の暮らしは貧しく、張は白娃から渡された銀を投げ捨て、次に老婆の薬を買うために金を張に渡すと「こんなものは炭焼き場にたくさんある」と言い、炭焼き場から金を運んで裕福になり、道に銀を敷きつめ、金の橋をかけ、王に認められた——という日本の炭焼き伝説と構造が同じ物語です。

朝鮮半島の、百済の武王の神話でも、高貴な女性を嫁に迎えた若者が、嫁に金の価値を教えられ、そんなものは山にいくらでもあるとして豊かになり、やがて人々の支持を得て王になるという物語があり、武王の神話の場合は炭焼きではなく薯を掘って売る薯童《しょどう》となっています。

こうして大陸や朝鮮半島の神話を見てみると、柳田國男が思い描いたように一連の炭焼き伝説の発祥が大分とは限らず、また物語を持ち伝えた人たちも武王の神話を見ると金属民に限らない可能性もあります。武王の神話では薯と関わりがある存在となっていることも興味をそそられます。薯もまた移動性のある作物で、その背後に大きな物語がひそんでいるのではないかと感じられるからです。

猫魔ヶ岳・弥彦山

猫と金属

月山の山頂から肘折《ひじおり》温泉までは長い山道で、急な崖やブナの森の中や湿地帯やガレ場などを一日半歩き抜かなければたどり着けません。山道の途中には地元の人が「ぬくまたざわ」と呼ぶ場所があります。「ぬくまた」とは「猫又」のことで、かなり山深い場所にあり、谷あいに普段はそれほど水量が多くない沢が流れています。深い山の中で猫の姿を見かけたことがなかったので、どうしてこの場所に「猫」の名がつけられたんだろうと、僕は長い間、不思議に思っていました。

それから僕は各地を旅していて意外なほど多く、猫という言葉が山の名前に入っていたり、猫に関する物語が山に残っていることに気がつきました。

その中でも印象的な名前だったのが、ちょっと恐ろしい感じがする福島県の猫魔ヶ岳でした。猫魔ヶ岳は標高一四〇四メートルほどあり、磐梯山の西に位置します。火山の噴火によってできたカルデラの外輪山で、その恐ろしい名前とは裏腹に、シーズンにはハイカーでにぎわう親しみやすい山です。山頂近くには猫石と呼ばれる大きな石があり、付近に草木が生えず掃いたようにクズやチリがないのは猫又が棲み着いているためだと『新編会津風土記』には記されています。年を経た猫が山に入って

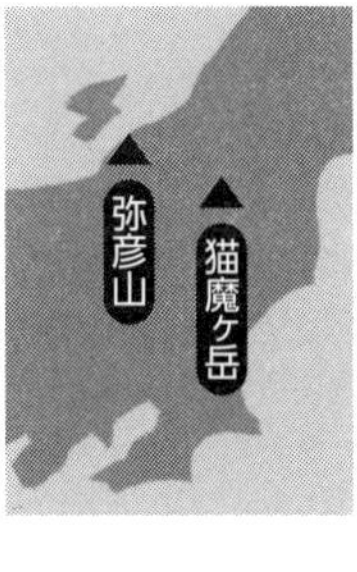

妖怪となるという話は各地にあり、月山山中の猫又沢もそうしたもののひとつであったのでしょうか。

また麓の恵日寺《えにちじ》の僧がネズミ除けのために猫神を祀ったとも伝えられ、恵日寺の鎮守であった磐椅《いわはし》神社ではお札も発行されていました。新潟県長岡市にある南部神社では蚕《かいこ》を食べてしまうネズミを除ける養蚕の守護神として猫が祀られ、別名猫股神社と呼ばれています。このように霊的な存在になった猫には人を食べる恐ろしい猫又の側面と、ネズミから人の暮らしを守る猫神の側面がありました。

ふと少年時代に家の近所に住んでいた口寄せ巫女の老婆が「猫は魔物だ……」と常々話していたことが思い出されます。僕は犬も猫も好きですが、常に人間の傍にいたがり忠実な性格をしている犬に比べ、猫は人間の近くにいるけれども、人間に服従しているわけではなく、気ままで、死期が近づくと姿を消すといわれるように謎めいたところがあり、魔物だとは思わないまでも、僕にとってはいつも不思議な生き物でした。

こうした猫の幸福をもたらす神としての面もありますが、より猫魔ヶ岳の名にふさわしいと思われる物語があります。——会津藩の郷士が釣りをしていると乳母が迎えに来たので、家に帰り、魚を焼くと、乳母が貪るように魚を食べ、夜中に家の者が寝てしまった後で乳母が干してあった魚を食べはじめます。郷士が乳母を斬り殺すと、翌朝に大きな猫の姿になりました。その後、郷士と妻が温泉を訪れ、郷士が水を汲みに谷に下りていると、妻は何者かに殺害され、そこに木こりがあらわれ「自分の妻がお前に殺されたので、その仕返しにお前の妻を殺してやった」と言う。木こりは妻をくわえて姿を消し、「この山があるかぎり子孫を祟ってやる」と言い残した——というものです。この話には、郷士と妻が老夫婦になっていたり、郷士が宝刀で化け猫を退治したなどバリエーションがあり他にもさまざまな話がありますが、いずれにしても猫魔ヶ岳の名前に負けない化け猫ぶりです。

また、近隣には猫にまつわる物語が伝わる山があります。麓にはのどかな田園風景が広がる標高六三四メートルの新潟県の弥彦山は、弥彦大神を祀る弥彦神社と、隣接して宝光院という寺院があり、宝光院には弥彦神社の本地仏である阿弥陀如来が祀られています。その傍らには山姥のような恐ろしげな姿をした「妙多羅天女《みょうたらてんにょ》」が祀られていますが、弥彦山の周辺には妙多羅天女に関連して「弥三郎婆」という話が多く残されています。

例えば見附市にかつてあった葛巻村の話は、こういうものです。――弥三郎が猟をしていると狼がやってきて、弥三郎は松の木の上に逃げるが、すると狼たちは肩車をして木の上の弥三郎を襲おうとする。狼たちは弥三郎婆を呼ぼうと言い、やがて黒雲が近づいてきて、そこから腕が出て弥三郎を襲った。弥三郎が鉈《なた》でその腕を切ると狼たちは逃げ出し、弥三郎は家に腕を持って帰る。家では母がうなり声をあげていたが、腕を見ると鬼婆の姿になり、切れた腕を自分の腕の傷口につけて逃げ去った。床下には弥三郎の本当の母の骨が残されていた――という話です。

この話も地域ごとにさまざまなバリエーションがあり、鬼になった弥三郎婆が僧侶によって済度されて（救われて）、それを祀ったものが妙多羅天女であるともされます。

この「弥三郎婆」の話は三峰山などにも伝わる、山で狼に襲われ木の上に逃げた男を捕らえるために狼たちが鍛冶屋の婆さまという大狼を呼び、大狼をなんとか撃退して、男が鍛冶屋を訪れて婆を切ると、その正体が狼だった、という「鍛冶屋の姥」の類話と考えられます。全国各地に分布するこの話は、狼たちの首領が「猫」であることもありますが、実は妙多羅天女も猫との深いつながりがある存在でした。

文化四（一八〇七）年の『北国奇談巡杖記』には、佐渡国において、夏の夕方、老婆が涼んでいると、年老いた猫が砂の上で転がって遊んでいたので、老婆もつられて何日か遊んでいると、そのうちに自在に空を飛べるようになり、弥彦山に飛び移り、大雨を降らせたので人々は困って、老婆を猫多羅天女としてあがめた、とあります。

また、山形県の高畠町には弥三郎婆がもともと天から降りてきた猫が天女になり、弥太郎という男と夫婦になり、弥三郎を産んだ、という羽衣伝説の要素を感じさせる話もあります（それからは弥三郎婆と同じ筋書きが続きます）。

高畠町には古墳時代の南原遺跡から製鉄遺構が見つかっていますが、月山周辺の猫岳は四〇〇年ほど前に発見され、日本三大銅山のひとつとされた永松鉱山と隣接した場所にあり、実はぬくまた沢のすぐ近くには金が採れる場所があります。

地名につけられた「ねこ」という言葉は鉱脈を意味するという説があり、採掘された金や銀を選別する作業工程に「ねこ流し」というものがあります。現在でも土木作業用の一輪手押し車のことを「ねこ」というのも一説には鉱物や砂鉄を意味する言葉に由来するとされるように、ネコと鉱山、製鉄民には切り離し難いつながりが感じられます。

ふと思い出されるのが東北の狼信仰の拠点ともいえる福島県の飯舘村《いいたて》の虎捕山《とらとり》にある山津見《やまつみ》神社です。虎捕とは橘墨虎という賊を白狼の導きによって退治したためにその名がついたと伝えられています。しかし僕はおそらく金属と猫との関わりの中で、猫〝魔〟ヶ岳のように猫が妖怪化・怪物化して「虎」捕山となったのではないかと想像しています。山形県内においてこの山津見神社の分社が存在するのが、製鉄民が持ち伝えた「炭焼き長者」の伝説が残される蔵王の麓の宝沢と、「弥三郎婆」の伝わる高畠にあることも示唆的です。

ねこ、猫、根子、根古、日本各地に点在するそれらの地名の背後に見え隠れする、いにしえの人たちの活動は広く、深く、日本列島の自然に入り込んでいます。

塔ノ岳
山とギャンブル

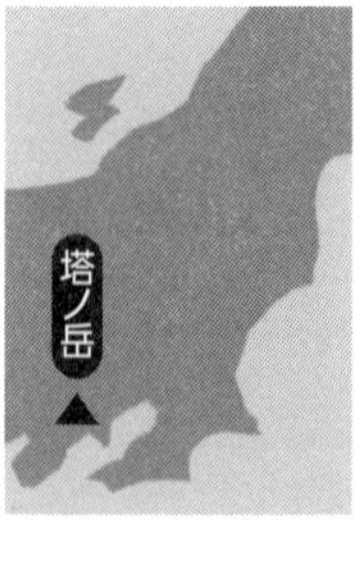

小学生の頃、夏休みになると母親に連れられ、丹沢でよくキャンプをしたものでした。千葉の稲毛駅から総武線に乗り、新宿駅で小田急線に乗り換え、厚木駅から乗るバスがくねくねとした山道を登る道行きは、小学生の僕にとってはちょっとした旅でした。僕がよく訪れていたのは宮ヶ瀬のキャンプ場で、現在では宮ヶ瀬ダムの下に沈んでしまいましたが、森の中で焚き火をして焼いたマスを食べ、入道雲の下、少し冷たい山水が流れる川で泳いで、夜の電灯の下でカブトムシやクワガタ捕りをしたことを今でも鮮明に思い出すことができます。水に沈んだ思い出の場所には、もう行くことができませんが、それからも丹沢の山々には足を運んでいます。そして大人になり、少年時代に慣れ親しんだ山々が、かつて修験道の一大拠点であったことを知った時は驚きでした。

丹沢の修験道における聖地としては、まず塔ノ岳があげられます。かつてここには大きな岩があり「狗留孫仏《くるそんぶつ》」と呼ばれていました。しかし大正時代の関東大震災の余震によって崩壊してしまい、今は見ることができません。この大岩は「お塔」とも言われ、塔ノ岳の名の由来となったのだそうです。

ちなみに「狗留孫」とは、仏教の考え方の中で、仏教を大成した人物は仏陀であるけれど、その教えは一代でつくられたものではなく、過去にも偉大な人物がいて、仏陀以前に存在した七人の仏陀ということで「過去七仏」として信仰されており、そのうちのひとりの名前が「狗留孫」というのでした。

この塔ノ岳では五月一五日が祭りの日とされており、現在ではおそらく、人が集まりやすい曜日の関係もあるのでしょうか、日にちをずらして日曜日に開催されることがあるようです。この祭りは昭和二〇年代頃まで、賭場が開かれていたとのことです。賭場を開くことはもちろん犯罪として取り締まられていますが、祭りの日だけは警察も見て見ぬ振りをして盛大におこなわれていたのだそうです。

江戸の庶民の中には、山で祭りがある時にお参りに行くと言って、山で博打をして、勝てば意気揚々と帰って借金を返し、負ければ行方をくらます、という人がいたのだと聞いたことがありますが、それは塔ノ岳などの賭場が開かれる祭りでのことなのでしょう。

実は山岳霊場と山伏と博打《ばくち》とは深い関わりがあります。山伏というものは、山だけにいるわけではなく、各地を移動する性質を持っていました。戦国時代には大名の下で傭兵部隊としても活動し、その中から有能なものは出世して大名になった者も少なくありません。

江戸時代に入り戦《いくさ》がなくなると、傭兵として活動していた山伏たちは行き場を失い都などにたむろするようになり、もともとが荒々しい性格を持ったカブキモノであったために、賭場を開いて博徒になる者もあったのです。

丹沢などの江戸から近い山岳霊場で、そのような文化の名残が垣間見えるのは面白いことです。

また山伏には鉱山開発者としての側面もあり、山の中から金を得ようとする場合、まず水銀を入手して、金を含んだ鉱石に水銀を混ぜ合わせて金と水銀の化合物をつくり、それを熱すると水銀だけ蒸発するので金が手元に残るという技法がおこなわれていました。水銀のことを古くは「丹」と良い、それが採れる場所は丹という言葉が地名に付き、そのひとつが「丹沢」なのでした。

先の大岩「狗留孫仏」が落下したのが「大金沢」や「小金沢」と呼ばれる場所で、そこには鉱夫が住み着き、金の採掘がおこなわれていたのだそうです。その鉱夫とは、おそらく山伏と関わりの深い人たちだったのではないかと想像します。

都心からほど近い丹沢の山々に残る、古い山岳信仰のおもかげと、少年時代に懐の中で遊ばせてもらった山の思い出が絡みついて、丹沢は僕にとって今でも特別な山となっています。

第五章　海の山

八丈富士

黒潮と神話世界

八丈島は二つの火山によってできた火山島で、北西に位置する八丈富士は一万数千年前から活動を始めた新しい火山です。南東に位置する三原山は一〇万年前から三七〇〇年前くらいまで活動し侵食が進んでおり、起伏の激しい地形になっています。八丈富士の周辺は農地が多く、三原山周辺は古くから集落が形成されて、人の暮らしが根付いている印象でした。

島はヒョウタンのような形をしていますが、そのへこんだ中央部分が島の経済の中心部で、東西それぞれにフェリーが発着する港があります。僕が八丈島を訪れた時には東にある底土《ていど》港に到着しました。海が荒れるなどした際には発着する港が変更になることがあるようです。八丈島への訪問は七月上旬のことでしたが、船内は混み合っており、レンタルするつもりだった車や原付バイクを借りることができませんでした。しかたなく港近くで自転車を借りましたが、坂の多い八丈島でカメラなどの重い機材を背負っての移動はかなり大変でした。

八丈島を含む伊豆諸島の成り立ちを語るものとして『島々御縁起』があります。継母から想いを寄せられ、嫉妬した天竺の王から追放された王子が日本に渡り、富士山頂で神から王との和解を条件に

「日本は小さな国なので譲るだけの土地はないが、海を差し上げよう」と言われ、天竺で王と和解した後に再び日本を訪れ、宿を借りた老夫婦から自身が三島大明神であり薬師如来の化身であることを知り、伊豆国の大海に地を焼き出すために普賢菩薩の化身である息子の若宮、不動明王の化身である剣の御子、弁財天の化身である娘のミルメを供にするように言われます。伊豆国を訪れた王子たちは、島の焼き出し方をミルメに尋ね、「若宮は火の雷と水の雷、剣の御子は山の神・高根の頭領、私は海龍王を雇い」島を造立すると言い、「島の上に大きな穴を掘って、龍神が海底から大きな石を巻き上げ、水と火の雷がそれを焼き、いくども打ち寄せる波が冷やせば岩や土になり」焼き出された一番目の島が「初めの島（初島）」、二番目の神が集まり詮議した島が「神津島」、三番目の大きな島が「大島」、潮の泡で焼き白い四番目の島は「あたら島（新島）」、三つの家が並んでいるように見える五番目の島は「三宅島」、神が使うための倉にする六番目の島は「御倉島（御蔵島）」、遥か沖にある七番目の島は「おきの島（八丈島）」、八番目は「小島」、王の鼻に形が似ている九番目の島は「おうこ島（青ヶ島）」、一〇番目の島は「利島」という名前になりました。

その後、王子はミルメが選んだ五人の后と五つの島で結婚します。大島では「波浮后」、新島では「みちのくちの后」、神津島では「長浜の御前」、三宅島では「天竺今后」、八丈島では「いなばえの后」。その島々で王子は島の始祖になったという物語になっています。

この話の中ではミルメという女性の活躍、それに島々の后の姿が目につきますが、それは伊豆諸島で祀りごとに関与した巫女たちの存在と無縁ではないように感じます。

また八丈島の別の始祖神話には巫女とも思える存在が登場する「丹那婆《たなば》」の伝説があります。かつて大津波が島を襲った時、ただひとり生き残った身重の丹那婆が、男児を産み、その子供と夫婦となり八丈島の人たちの祖先になったという物語です。これは洪水から生き残った者たちが始祖になるという、沖縄や台湾や中国西南部やインドネシアやポリネシアに分布する神話と類似するもので、多くの場合は兄妹が結婚するところが、八丈島では母子の関係になっているところが特徴的です。

この丹那婆の墓とされる場所が、八丈島の中央あたり、大賀郷《おおがごう》の八丈島歴史民俗資料館前の道路を挟んで細い道を少し登ったところにある釈迦堂の脇にあります。僕が訪れた時は、かなり寂しい薄気味悪い道で釈迦堂も手入れがされていない様子で、草が生え放題といった状態でした。草をかき分けてお堂の横に進むと、そこに小さな石が何気なく置かれていました。それが丹那婆の墓でした。「島の始祖なのに何かの間違いじゃないか……」と、初めて見た時には確信が持てないほど荒れ果てた場所にありました。

南方の島々と八丈島が類似する神話を持っていることは、その遠く離れた距離に驚きを感じるところです。八丈島近くを世界最大級の海流である黒潮が流れており、この海上の道が先史時代から人々を遠い世界から島へと運び続けてきたのだと考えられます。

それを裏付けるような遺跡が島の南部にあります。それまで八丈島は先史時代には無人の島だと考えられていたのですが、昭和三七年、当時営業していた八丈温泉ホテルの温室造成工事の現場で中学生が摩耗石器を発見し、先史時代にも人が暮らしていたのだとわかりました。遺跡調査がおこなわれ、放射性炭素年代測定法によって七〇〇〇年前と考えられる竪穴住居が発掘され、湯浜遺跡と名付けられました。また昭和五二年にはすぐ近隣で倉輪《くらわ》遺跡が発見され、そこから多くの遺物が出土しました。関西（北白川下層式・鹿島文化）、中部（狢沢《むじなさわ》・勝坂式文化／新保・鍋屋町式文化）、関東（十三菩提・五領ヶ台式文化／下小野・阿玉台式文化）、東北（大木式文化）系統の土器が出土し、また犬を連れたイノシシ放牧の痕跡が確認され、イノシシ埋葬儀礼の痕跡や縄文人の墓も発見されています。海洋技術を持った縄文人が海を越えて各地から八丈島に訪れ、そのうちのあるグループはイノシシを育てて牧畜をしていたという、文化度の高さに驚きを感じます。

　伊豆諸島の御蔵島と八丈島の間に流れる黒潮の流れは「鳥も通わぬ八丈島を越えよと越さぬ黒瀬川」といわれ、島の行き来を分断してきましたが、縄文人はどのようにして黒瀬川を渡ったのか、僕は疑問に思っていました。そのことについては八丈島歴史民俗資料館で学芸員の方から「八丈海洋ニュース」というものがあると教えていただいて少しだけ謎を解くヒントが得られたように思いました。黒潮は常に同じ場所を流れているわけではなく、時には大きく移動することがあり、八丈島や青ヶ島を逃れて人の往来が可能になることがあるのだそうです。縄文人は潮の流れをよく観察していたのでしょう。僕が八丈島を訪れたこの時は、湿度が高くて身体がベトベトになり辟易していたのですが、それは黒潮が島を直撃して南方から暖流が運ばれてきたからだったのだそうです。そんなところでも黒潮の存在を感じることができたのでした。

湯浜遺跡と倉輪遺跡近くにはいくつかの温泉があり、僕は高い湿度の中、自転車を漕いでかいた汗を流したくて裏見ヶ滝温泉を訪れました。この温泉は無料で入ることができ、水着を着用する混浴の露天風呂になっています。ここで地元の人と話をすることができました。

そこで僕は、以前、八丈島で八丈富士に参拝する風習があったと聞いたことがあったので、それが今でもおこなわれているのかを尋ねてみました。実は八丈島歴史民俗資料館でもそのことを質問して「ずいぶん前からやってない」と聞いてはいましたが、ずっと八丈島で暮らしてきた地元の人にも尋ねてみたいと思ったのです。現在六〇代の人の話によると、やはり「今はやっていない」とのことでしたが、そのおじさんが「子供の頃にはまだやっていた」のだそうです。それは子供が小学生に上がる年齢になった時に、集落の二〇歳くらいの青年が、子供を背負って長い道のりを歩き、八丈富士頂上まで参拝するというものだったそうです。八丈島では隣の青ヶ島と違い、早くから集落の中で祭祀を担う集団がなくなってしまったために、こうした儀礼も残念ながら存続することができなくなったのかもしれません。

温泉から道路を挟んで反対側には山道があり、そこを進んでいくと裏見ヶ滝に出ます。「ウラミ」という言葉は「恨み」ではなく、滝の裏側に空間があり、そこから滝が落ちてくる様子を見ることができるので「裏見」なのだそうです。滝に通じる山道は数分の距離でしたが、その途中には古い鳥居が立ち、丸石を並べた急な階段が上っています。水気の多い場所だったので、上る際には足を滑らせないように注意が必要でした。

階段を上ると、そこには小さな祠があり、隣に立てられている看板には為朝《ためとも》神社石宮と書かれています。為朝とは「源為朝」のこと。平安時代最強ともいわれる源氏の武士です。その身長は二メートルを超え、弓の名手であり、あまりにも乱暴者であったために九州に追放されるも、九州の豪族たちと合戦を繰り返し、三年で九州を制圧してしまうなど、数多くの武勇伝が残されています。やがて都に戻った為朝は保元の乱に参加したものの、罪人として伊豆大島に流され、そこでも武力によって島を支配し、乱暴狼藉のため討伐の院宣が下り、大群が押し寄せ、追い詰められた為朝は自害しました。

こうした為朝の激しい生涯は伝説化し、江戸時代後期の作家で『南総里見八犬伝』の作者としても知られる曲亭馬琴の『椿説弓張月《ちんせつゆみはりづき》』の中で、為朝は自害せずに琉球へ逃れ、その子供が初代琉球王の舜天《しゅんてん》になったとされています。この話は琉球の首里王府の編纂した歌謡集である『おもろさうし』にも同様の記述があり、信憑性は置いておくとしても、黒潮の流れが人々の想像力を刺激したものとして大変興味深く思います。

御蔵島

来訪神とイルカと生きる人々

東京の南海上に浮かぶ伊豆諸島の一角、御蔵島《みくらじま》は周辺にイルカが棲みついている島として有名です。以前、新聞社の取材で御蔵島を訪れ、僕もイルカと泳ぐ「ドルフィンスイム」を体験したことがありました。

御蔵島へ行くためには、竹芝桟橋から東海汽船のフェリーに八時間ほど揺られなくてはなりません。フェリーが御蔵島の港に着岸するには、伊豆諸島の他の島々と比べて条件が厳しく、波が高かったり風が強かったりすると下船できず、そのまま竹芝桟橋に戻るなんてことも珍しくなく、島から出る時にも同様なので、東京都でありながら行くのも戻るのも難しい秘境感があります。

一九九〇年代にイルカブームがあり、観光客がイルカ目当てで島を訪れることが多くなるまでほとんどイルカを意識してこなかったと島の人たちはいいます。なぜ他の伊豆諸島の島々に比べ、御蔵島周辺の海域に多くのイルカが棲みついているのかといえば、それはオオミズナギドリという海鳥の繁殖地であり、その糞が森に栄養を与え御蔵島の自然の豊かさを形成しているから、と説明されることがあります。

島で聞いた他の説としては、かつて御蔵島の主な産業は林業で、ほとんど漁業がおこなわれていなかったため、イルカと人の利害がバッティングしなかったので、イルカを排除しなかったからともいいます。漁業がおこなわれている他の島々では、魚を獲るための網にイルカがかかると網が壊れるなど損害が出るので、見つけると殺していたという話も聞いたことがあります。

御蔵島の年中行事の中で、僕が関心を持っているのは、一月の下旬に島の外部から聖なるものが訪れる習俗です。同様の習俗は神津島、大島、利島、新島、三宅島などにもあり、その際に来訪する神は、日忌様、海難（南）法師、二十五日さま、といった名で呼ばれています。御蔵島では忌の日の明神と呼ばれており、その名の通り神が来訪する間、物忌《ものい》みをして過ごします。

御蔵島では二〇日に島の南西部から神が上陸してアカイ川という場所に留まり、二一日にはテガキド、二二日にはおばんの尾、二三日には鳥の尾、といった具合に島の西側を順に北上し、二四日には島の北部にある集落に至り、ウタヅ川を抜けて島から出ていきます。二〇日から二五日の間、神が留まっている場所より南には立ち入らず、二四日に神が集落を訪れる夜には厳重に戸締りをして、けっして外出せず、戸や窓に魔除けのため悪臭のするトベラの枝などを挿し、かつては肥桶を家の中に入れて用をする時も家の中ですましたと伝えられます。

また神が去っていく二五日の朝も、忌の日の明神は村を一巡していくとされ、外に出ると身体を裂かれるとか、神の去っていく海を見ると目が潰れるとされています。

忌の日の明神は、御蔵島を出て神津島へ向かうとされますが、神津島の南にあるナガッサキという海岸沿いの岩場には二十五日池という、満潮時に潮が入ってくる池があり、神はそこで湯浴みをして禊《みそ》いでから、天上山に登り、伊豆諸島の神々が集《つど》い、ハインナイガ沢で一年のことを決めるとされています。

一月二四日の忌の日の行事に来訪する神は、海難事故で亡くなった亡霊であるとも伝えられますが、それは古い由来を持つ神が、共同体に豊かさを運んでくることもあれば、死を運んでくることもある両義性を備えており、そうした神の原型は祖先の霊と考えられることが多いので、亡くなった人ということで混合して生まれた考えであったのではないかと思います。

また、このような習俗は伊豆諸島の中でも御蔵島以南の、八丈島、小島、青ヶ島には見つかっておらず、黒潮の流れが文化習俗の違いを生み出したと想像されます。

忌の日の明神が御蔵島に上陸する島の南西部は、島の言葉で「マユゲ」という黒潮が当たる場所という意味があるのだそうですが、はるか昔に、島の人たちの先祖が黒潮に乗って島に到達した歴史を物語るかのようです。

悪石島・御岳・根神山

来訪神と海上の道

鹿児島県の南に浮かぶトカラ列島のひとつに悪石島《あくせき》があります。火山島である悪石島の主峰が標高五八四メートルの御岳で、御岳という名の山はトカラ列島のすべての島にあります。かつて春秋の彼岸の頃に岳参りをする習慣があり、島々の重要な聖地であったことがわかります。また各島で目につくのが根神山や女神山という山々で、ネーシと呼ばれる女性宗教者が祀る山となっています。

ネーシとはもともと天皇に近侍した女官である「内侍《ないし》」を意味し、それが厳島神社の巫女や、地方の神社に取り入れられ、やがてトカラ列島に伝わった呼び名とされます。

下野敏見によれば、悪石島の根神山の神の名は「サシカサノミコト」といい、宝島の女神山の神の名は「女神八重盛佐志笠乃御前《ねがみやえもりさしかさのごぜ》」、中之島では「根神八重盛司《ねかみやえもりつかさ》の御神」となっており、女神山は古くは「ねがみやま」といったようです。沖縄の旧家の当主を根人《ニッチャ》、祀りごとに関わるその姉妹を根神《ニーガン》といい、「サシカサ」は位の高い女性宗教者をあらわす言葉ですので、トカラ各島の女性宗教者を束ねる力のある神女が祀る山が根神山と呼ばれたのでしょう。

また悪石島の習俗でとくに有名なのが、盆の終わりにあらわれる仮面の来訪神ボゼです。悪石島でテラと呼ばれる葬地で盆踊りがおこなわれ、旧暦七月一六日の午後、悪石島の言葉で「祝《ほうり》」を意味するホーイが太鼓をたたくとボゼが出現します。ボゼマラという男根を象徴する杖を持ち、ビロウの葉を見にまとい、植物の種が破裂したような頭の形をしたボゼはヒラボゼ、ハガマボゼ、サガシボゼと呼ばれる三体あり、石垣島や西表《いりおもて》島の秘祭にあらわれるアカマタ、クロマタ、シロマタを彷彿とさせる姿をしています。

ボゼは盆踊りの中に入り、主に女性や子供を追いかけまわし、子宝に恵まれるとか魔を払うとされるボゼマラに付着した泥をつけようとするので人々は逃げ出し、ボゼの登場によって悪石島の盆は終わりを告げます。ボゼは集落に死者が訪れる盆の行事を終わらせ、日常へ立ち帰らせる役割を持つ存在と考えられてもいますが、稲垣尚友によれば、もともとボゼは冬のヒチゲーにあらわれていたのだそうです。

ヒチゲーとは「日違い」を意味するトカラ列島の新年行事と考えられ、厳重な物忌みがおこなわれる行事となっています。

悪石島では一二月一八日は神の道つくりといい、聖地を出発した神々が集落に近づいてくるので神社には人々は近寄らなくなり、二四日はイバシ（クワズイモ）に悪臭のするトベラの枝を刺して、家の戸や窓に刺します。これをイバシカケといい、魔除けを意味しています。晩には浜のネーシが芭蕉の繊維でつくった紐に結び目をつけてつくるフムスビを三六五本つくり、二五日には本ネーシの家でフムスビを三六五本つくります。フミスビは首に巻いたり体につけるもので、あたると一瞬にして死ぬというカミカゼやヒヨケなど、災いから身を守るものとされます。

二六日は、早朝に潮浴みをします。この日、悪石島の神々は集落の中心である殿地《トンチ》に集まり、ネーシに憑依《ひょうい》するとされ、人々は晩にはネーシのところへカミキキといって神が憑依したネーシから、その年のことを聞くために出かけます。ネーシを訪ねる際には道の真ん中は神にぶつかると考え、端を歩きます。二七日はオオヒチゲーの最終日で、神に出会うおそれがあるので朝早くは出歩かず、ネーシやホーイが盃を交わし神の祝い酒をおこない、神々はもとの場所へと帰っていくとされます。

思い起こされるのは、伊豆諸島の一月下旬に海南法師や忌の日の明神や二十五日様があらわれる物忌み行事で、日程が一か月ずれていますが、厳しい物忌みがあり、来訪する神が島を巡行するなど、共通点が多く見られます。

かつて冬のヒチゲーにボゼがあらわれていたということにも興味をそそられますが、この海上の道の先にある南方から、人々はどのような文化を運んできたのでしょうか。

加計呂麻島・オホツ山

南の島の山の神

奄美大島の南部に大島海峡を挟んで東西に長く伸びた加計呂麻島《かけろま》があります。かつては加計呂麻島側の薩川湾が軍港とされ、連合艦隊が停泊していましたが、今では穏やかな海で、マグロの養殖地としても知られています。大島から加計呂麻島へ渡るには船に乗らなければなりません。古仁屋にあるフェリーターミナルで、待ち時間に二階の食堂で頼んだマグロの寿司が驚くほどおいしかったことを憶えています。ただ、千葉県出身の僕としては奄美の醤油が、生魚を食べるには甘すぎると感じて、今度行く時は醤油を持参したいと思いました。

加計呂麻島は戦時中に小説家の島尾敏雄が特攻隊隊長として赴任していた土地としても知られています。島尾敏雄はそこで島長《しまおさ》でノロの家系のミホと出会い、後に結婚しますが、島尾ミホの著作『海辺の生と死』は加計呂麻島にずっと流れてきた神話的な時間を追体験できるような物語で、それを読んで感銘を受けた僕にとって、加計呂麻島はぜひ訪れてみたい土地のひとつとなっていました。

加計呂麻島や奄美大島では聖なる山のことをオボツ山という言葉であらわします。オボツという言葉は、沖縄文化研究者の外間守善《ほかましゅぜん》によれば、琉球の古謡集『おもろさうし』の中に「おぼつぎやめ」

「おぼつ世」などという言葉があり、それが「天」をあらわすことから、オボツは「天上の神の在所」としました。また仲松弥秀《なかまつやしゅう》は、オボツ山は沖縄の御嶽《うたき》と同様のものだと考えました。いずれにしてもオボツという言葉のはっきりとした意味は不明でも、それが聖なるものと関わる言葉であることはたしかだと思います。

加計呂麻島の西阿室《にしあむろ》では山の神が散歩するカネサルという日があり、オボツ山の上で鉦《かね》が鳴るのを聞いて恐ろしくなったとか、奄美大島の宇検《うけん》ではカネサルの日には山や海へ行ってはいけないとして、その日は山の神が山で大岩を転がす音がするとして、カミミチ（神道）を通って神が海へ下りてくるとされます。

奄美大島や加計呂麻島各地でおこなわれているカネサルは庚申《かのえさる》の意味で、山の神やケンムンという妖怪が活動する日とされます。山の神に出会うことを恐ろしいこととして、人々は家に籠って物忌《ものい》みをし、牛や豚を殺して集落の人たちで食べ、あるいはカーサムーチーというモチをつくり、食べ、集落の家の入り口に芭蕉やトベラなどを植え、牛や豚の骨やカーサの葉をぶら下げておくのだそうです。

恐ろしい神が集落を歩き回り、人々は物忌みをして、戸口などにおいのするものを挿しておくという点で、トカラ列島のヒチゲーや伊豆諸島の海南法師、忌の日の明神の行事ととてもよく似ていますが、奄美大島や加計呂麻島のカネサルは、より素朴な印象があります。こうした戸口などに植物を刺して魔よけとする風習は、日本各地で見ることができますが、以前、中国貴州省のトン族が暮らす鑾里《ランリー》村で見たことがあり、アジア的な広がりがある文化といえそうです。

また加計呂麻島では集落の開祖の家をトネヤ、祭場をアシャゲと呼びますが、かつてこれらの建物の屋根を葺きかえる時に、集落の祭祀を担う女性宗教者ノロたちがカブリカズラをかぶって鐘の音とともにオボツ山からカミミチを通って集落を訪れて歩き回り、浜に出てから広場に戻り、再び山に戻るカミオリという行事がおこなわれ、人々は鐘の音が聞こえると広場に集まり、ひれ伏し、顔を上げてはならなかったとされます。これも南島の神の行動を示すひとつのエピソードなのだと思います。

加計呂麻島を訪れた際には、須子茂《すこも》集落のアシャゲを見たことがありましたが、そこは壁のない木造の建物がポツンと建っているだけで、現在の寺社仏閣のようにゴテゴテとした豪華な飾りのない不思議な空虚さに、かえって神聖さを感じたのでした。

於茂登岳

八重山の聖地

「日本でいちばん汚い宿」があるとネットで目にして興味を惹かれ、波照間島《はてるま》を訪れました。通常であれば石垣港から船に乗り五〇分ほどの行程です。しかし、その日は海が荒れ、エンジンから吐き出される排気ガスが船内に充満し、船は激しく揺れ、二時間ほどかけて波照間島の港に到着する頃にはかなり気分が悪くなっていました。

日本一汚い宿といわれているのは「たましろ」さん。なんとか宿までたどり着くと、たしかに普通の宿とは異なる雰囲気です。ゴミ屋敷というほどではありませんが、鉄パイプや何かの機械の部品がそこかしこに転がっています。古い木造の建物にガラクタで飾り付けをした建物といった見た目です。部屋は床の木材が腐っているのか畳の一部を踏むとフカフカして歪んでいました。日本国内では異様と映るかもしれませんが、東南アジアの安宿と思えばそれほど違和感はありません。

八重山の民宿には夜に宿泊客たちが酒を飲み交わす「ユンタク」という風習があり、「たましろ」のユンタクはかなり盛り上がるようで、それを目当てに大勢の人が集まってくるのだそうです。しかし、近年は宿の主人が高齢のため、営業を少し控えめにしているとのことでした。こうした個性的な

宿に泊まれるのもあとわずかなのかもしれません。

僕が宿泊したのは真夏の時期でしたが、夜暑くて眠れなかったので、冷房をつけようとコイン式のクーラーに一〇〇円を投入したところ熱風が出てきました。隣の部屋のクーラーは動きもしなかったそうです。それでもクレームをつけようとは思わない、そんな宿でした。

僕は宿の近くで一日レンタル一〇〇〇円の自転車を借り、島をまわることにしました。一〇〇〇円払えばリサイクルショップで二台くらい買えそうなオンボロでした。波照間島にはアジア屈指の美しさを誇るニシ浜というビーチがあり、海や空や南島の動植物と、「たましろ」やオンボロ自転車が織りなす独特の雰囲気に、言い知れぬ魅力を感じます。

波照間島は自転車で三、四時間もあればまわれてしまう小さな島で、そのほとんどがサトウキビ畑です。島の中心部分に小さな集落があり、とてもこじんまりとした印象です。

南島の刺すような日差しを受け、汗が滝のように流れ出します。飲み物はすぐになくなってしまいます。公民館の近くを通ると、一角にあまり目立たない石碑があり、「アカハチ誕生の地」と書かれていました。アカハチとは琉球王国の支配に対抗して一五〇〇年に「オヤケアカハチの乱」を起こした石垣島を拠点にしていた豪族の名前です。八重山を旅しているとアカハチに関連する土地がよく目につき、島の人たちにとっては英雄のようでもあり、また敵対した勢力の子孫が多く暮らす地域では恐ろしい悪漢ともされていました。

柳田國男の『海南小記』によればアカハチのことを八重山の言葉で「アカブザー」と言い、「ブザ

海に浮かぶ森（八重山）

ー」とは蜂を意味し、また「平民」をあらわす言葉でもあったのだそうです。「先住民の長く反抗したものをブザーと呼んだ」のではないかと柳田は推測していました。こうしたアカハチの英雄的な反逆者の側面を脚本家で沖縄出身の金城哲夫は『ウルトラマン』に登場する怪獣「レッドキング」に重ね見て、その名の由来にしたのだそうです。

オヤケアカハチの乱では八重山の山の神が登場し、重要な役割を演じます。女性たちは枝葉を手に持ち、「天に号し地に呼ばわり」呪罵し敵を迎え撃ったとあり、武力だけでなく霊的な力で相手を打ち負かそうとしたと伝えられていますが、その背後には神と神との戦いという側面があったのだと推測されます。

琉球王国の軍は久米島《くめ》のノロ、君南風《きみはえ》を帯同させて、八重山の女性と呪詛《じゅそ》合戦を繰り広げ、石垣島にそびえる於茂登岳《おもとだけ》の神を説得し、琉球王国を勝利に導きました。於茂登岳の神と久米島の神は姉妹だと伝えられます。近しい存在を使って相手を呪術で取り込むために琉球の軍は久米島のノロを帯同させたのでしょう。そこには神々の物語を政治的に使って民衆支配の根拠を得ようとする意図も感じます。

於茂登岳は沖縄で最も高い山で、標高五二五メートルあります。山の南にある登山口から一時間ほどで登れ、石垣島を見まわすことができる山ですが、古くから島の人たちは神の山として大切にしてきました。於茂登という名も、島の「大本」を意味するともいわれます。

石垣島出身のミュージシャン「ＢＥＧＩＮ」は島唄をつくる時にはオモトタケオという存在が下りてくると述べています。それがどこまで本気なのかはわかりませんが、於茂登岳が島の人たちにとって特別な存在であるということなのでしょう。僕は「島人《しまんちゅ》ぬ宝」という曲が大好きですが、八重山を旅した時にはどこに行ってもＢＥＧＩＮの曲が流れ、ＢＥＧＩＮが生き神様のように感じられるほどでした。彼らの音楽の背後にオモトタケオ＝於茂登岳という八重山の自然があり、それをユンタクの場で島の人たちが歌っている姿を見て、僕はとてもうらやましく思ったのでした。

今井権現

海辺の聖なるもの

鹿児島県の南に位置する奄美大島。島の雰囲気は南島といっても沖縄・琉球とは少し異なり、より素朴な印象を受けます。歴史的には奄美は一五世紀に琉球による支配があり、後の一六〇九年に薩摩による琉球侵攻にともない薩摩藩政下におかれましたが、一五世紀以前はどこにも属さない島であったそうです。

奄美空港のまわりには南島の植物、ソテツやガジュマルの木が生える森やヤブ、畑が広がっており、空港から車を走らせていると細い田舎道がくねくねと曲がっていることに気がつきました。地元の人に尋ねると「所々に聖地があるのでそれを避けている」のだとか。意識してみると、サトウキビなどが生える畑の中にこんもりと樹木が生い茂ったところがいくつも目につき、それが聖地なのだそうです。都会であれば聖地を移転させて直線道路を通してしまうところでしょう。

その聖地に立ち寄ってみると、小さな山というか岩のかたまりにガジュマルの根が絡みついており、地域によって呼び名に違いはあるものの、そこは「トフル」と呼ばれているとのことでした。南国特有の広々とした空の明るさは消え、陽の光が樹木によって遮られ、空気が少し冷んやりとしています。

トフルには洞窟が掘られており、人が屈んでやっと入れるくらいの入り口があり、トタンや石を積んで閉じてありました。隙間から覗き込んで見たところ、奥行きは数メートル、そんなに広々とした空間ではありません。中にはいくつもの大きな壺が置いてあり、人骨が入っていました。奄美には数十年前まで風葬の文化があり、その頃のものとのことです。トフルとは「通る」という意味で、ここが死の世界への通り道をあらわす聖地なのだそうです。

こうした聖地が島の各地にあったそうですが、中には放置され、荒れているところも多く目にしました。今では島の人たちも、その場所にどんな意味があったのか忘れてしまい、かろうじてお年寄りたちは、そこが恐ろしい場所だということを知っているだけの状況とも聞きました。「畏れ」が「恐れ」に変わってしまったのでしょうか。近隣の人が寄りつかなくなった聖地の多くは、地元の人たちではなく、ユタという民間宗教者が、島のどこかからやってきて掃除をしたり、花を手向けたりしているのだそうです。

琉球にも民間宗教者のユタ、王朝との関わりの中で信仰による支配を担った公的宗教者ノロがいましたが、ノロは琉球による征服にともなって奄美で活動するようになったのだそうです。薩摩藩の支配下ではノロやユタは管理されましたが、共同体の運営に深く関わりを持っていたノロよりも、個人的な事柄をあつかうユタは厳しく弾圧されたとのことでした。

それでも現在に至るまでノロやユタが消滅していないのは、島の共同体の維持や、生活の中で生じる不安などに対してノロやユタが関与して、一定の影響力を持ち続けたためなのでしょう。実際に奄美の人たちと話をしていると東京などで暮らしている人たちに比べ、宗教的な人たちとの距離が近いような印象を受けました。

こうした宗教者に霊場として大切にされているのが、龍郷町《たつごうちょう》安木屋場《あんきやば》の今井岬にある今井大権現です。海に突き出した岬というより山といった方がしっくりとくる今井大権現は、ある程度の高さまでは車道が通じており、車を停めるスペースから一五〇段ほどの急な階段を登った山頂に今井神社のお社《やしろ》が建っています。かなり切り立った尾根を登るので、高所恐怖症の人には少し迫力があり、怖い場所かもしれません。今井権現の直下にはがれ場のような海岸があり、沖にはタチガミと呼ばれる直立する大岩が立っています。

毎年旧暦九月九日には海から訪れる女性の神と、天から訪れる男性の神が出会う「今井大権現祭」がおこなわれるとのことです。僕はお祭りの時期に訪れたことはありませんが、実際に今井権現を参拝し、海岸でタチガミを前にした時には、その姿、雰囲気に圧倒される思いでした。南島的なシャーマニズムの匂いが強くたちこめる霊場といえるでしょう。

第六章　北の山岳信仰

湯殿山

他言禁制、東日本最大の聖地

出羽三山の奥の院とされた湯殿山は、「西の伊勢参り」に対する「東の奥参り」として、江戸の庶民に信仰された霊場でした。月山の峰続きに標高一五〇〇メートルの湯殿山はそびえていますが、信仰上の湯殿山は山の中腹に位置する、秘所のことをいいました。

俳人松尾芭蕉も『奥の細道』でこの地を訪れ、「語られぬ　湯殿にぬらす　袂かな」と句を詠み、「語られぬ」とは湯殿山が他言禁制の霊場であることを意味し、「袂をぬらす」とは俳諧では感動して涙を流したことをあらわす表現でした。芭蕉が感動のあまり涙を流すほどの霊場・湯殿山は、大きな信仰を集めたがゆえに、時代に翻弄された山でもありました。

現在では出羽三山の一角と紹介されることの多い湯殿山ですが、もともと出羽三山とは羽黒山と月山の他に、周辺の葉山や鳥海山が含まれることがあり、時代状況により変化があるものでした。

湯殿山がいつ発見されたのかについては明確な資料はなく、室町時代頃に道智上人という人物が、現在の山形県西村山郡西川町大井沢にあった大日寺を拠点として湯殿山への参道を開いたことをきっかけに、湯殿山信仰が爆発的に広がっていったと考えられています。

湯殿山のご宝前（ご神体）に至る渓谷沿いの道には、「お沢仏」と呼ばれる奇岩や洞窟、滝などが集中し、そこを通れば「なぜここに、こんなにも不思議な自然物が集まっているのか」と感じさせ、信心深いかつての人々であればそこに神仏の意思を感じたに違いないと思わせられる「御沢がけ」と呼ばれる道があります。そんな神妙なる霊場であった湯殿山は多くの参詣者を惹き寄せ、湯殿山の管理をしていた別当寺と呼ばれる真言宗の四ヶ寺の注連寺、大日坊、本道寺、大日寺といった寺院を経済的に潤わせていきました。

江戸時代初期には湯殿山を支配下に置こうとする天台宗の羽黒山との争いも起こり、羽黒側の山伏《やまぶし》と湯殿側の山伏との間で殺人沙汰が起こったと伝えられます。伝説的な色彩の強い話かもしれませんが、現在は藪になってしまった湯殿山から月山山中へ続く関道という山道には台座と呼ばれる岩が存在し、そこは敵対する山伏を座らせて首を切った場所なのだと、地元の古老から耳にしたことがあります。結局、羽黒側と湯殿側の争いは、幕府に申し立てた羽黒側の敗訴となり、湯殿山は真言宗の四ヶ寺が別当を務めるということで落ち着きました。

しかし、明治時代に入ると国家神道が登場し、「神仏分離」として日本各地の聖地から仏教を排除する運動が巻き起こりました。湯殿山も例外ではなく、当初真言四ヶ寺は「湯殿山の開基は弘法大師であり、仏の山であった」との主張をしたものの、神道で国を治めることを目指していた国学者たちによって「湯殿山はもともと神の山であった」とされ、苦しい立場に追い込まれました。

出羽において神仏分離を推進したのは出羽三山神社の初代宮司である西川須賀雄という急進的な国

学者で、それまで寂光寺という寺院があり修験の拠点だった羽黒山を神道化し、寂光寺を廃して出羽三山神社を設立した人物です。後藤赳司の『出羽三山の神仏分離』によれば、西川は羽黒山を神道化するだけでなく、湯殿山の支配権を手に入れるため宗教統制をおこなう政府機関だった教部省に「三山は一体であるので、湯殿山は羽黒が管轄する」旨を願い出て、また「湯殿山よりも月山の社格を高めることによって、湯殿を傘下に収める」ことを目指しました。

県としては大きな信仰を集めた湯殿山は「独自の山であり、羽黒山や月山より社格が高い霊場」と考えており「低い社格が与えられるならば、もとの仏道修行の霊場に戻す」意向があり、それを教部省へも伝えていましたが、教部省は「月山を国幣中社、湯殿山を国幣小社」として「出羽、月山、湯殿山を合わせて一社」とし、管理するように通達を出しました。つまり出羽三山をひとつのものとして、それを出羽三山神社が管理するという内容で、こういった経緯があり、長年湯殿山を管理していた注連寺、大日坊、本道寺、大日寺といった寺院は追放され経済的な基盤を失うことになりました。

その中で本道寺と大日寺は仏教から神道に鞍替えして存続を探る道を選んだのですが、その後、湯殿山への参詣者は減少していき、かつては湯殿山・月山への登り口として羽黒口に次いで奥参りの参詣者を集めた本道寺口は、今では訪れる人も少なく、ずいぶんと寂しい集落になってしまいました。

こうした状況の中、数年前に山形県の白鷹町のお堂に祀られていた、正体不明とされてきた仏像群が東北芸術工科大学の調査により湯殿山の御沢仏であったことが判明しました。

現在でも御沢仏は鶴岡市の大日坊、新潟の円福寺などに祀られていますが、白鷹町の御沢仏は明治の神仏分離、廃仏毀釈以降に、破壊された文化の復興を願ってつくられたものであったようです。御沢仏は異様な姿をしたものが多く、湯殿山信仰独特のものですが、この御沢仏の製作は、仏師の新海宗慶と息子の竹太郎の手によるもので、新海竹太郎はのちに著名な彫刻家となる人物であり、このお沢仏は近代の日本美術史的にも価値のあるものといえます。

御沢仏が並ぶ御沢がけの道に関しては、一九九一年に出版された内藤正敏の著作『修験道の精神宇宙』の中で、大日坊で出会った古老の話として御沢がけに関する記述がありますが、もう古老の記憶の中でも不たしかなことが多く、その文化のかつての姿は歴史の向こう側に消えてしまいました。

長い年月の中で文化は変化したり消え去ってしまうこともありますが、湯殿山の自然は古《いにしえ》の頃よりそこに存在し、訪れる人を迎えてくれます。湯殿山を訪れた岡本太郎は著書『神秘日本』で「われわれの生命の初源的な姿、感動の根は、そこにあるのではないか。私という個人をこえて、民族の底にあるものを触発される思いだった」とその感動を述べています。岡本太郎は出羽三山周辺の立派なお堂や飾りを見て、本当の信仰にはこんな装飾はいらないのだとばかりに機嫌が良くなかったそうですが、湯殿山では、むき出しになった自然に触れて先の感動につながったのだそうです。

文化や生命の深みに触れたいと願った岡本太郎らしいエピソードです。湯殿山は恋の山といわれ、それは恋という文字の旧字体が「戀」と書き、言葉を糸で縛る形をしている他言禁制を意味するためとされます。掟により湯殿山の姿を語ることはできませんが、現在においても湯殿山は深遠なる霊場のひとつといえるだろうと僕は思います。

安達太良山

別名「乳首山」

福島県にある安達太良《あだたら》連峰は、鬼面《きめん》山、箕輪《みのわ》山、鉄山《てつざん》、和尚《おしょう》山など、南北に連なる活火山からなり、安達太良山は頂上の岩石が乳首のように見えることから「乳首山」とも呼ばれているそうです。安達太良連峰として捉えれば、最高峰は箕輪山で標高一七二八メートル。安達太良山だけで見れば、標高は一七〇〇メートルとなっています。

僕は山形から東京までの移動を、車で高速道路を通ることが多く、福島を通過する際に、安達太良山の稜線の美しさにいつも心が惹かれます。比較的なだらかで登りやすい山ですが、山中から吹き出す有毒ガスのため死亡事故も起きており、通行禁止のコースもあります。無風状態でガスが溜まりやすそうな地形や天候の状況などに注意が必要です。

麓には安達太良山相応寺という寺があり、『安達太郎山縁起』によれば、徳一という東大寺や興福寺で学び、東国へ漂泊の旅に出た法相宗の僧侶によって空海の彫刻した薬師如来像が安達太良山に安置され、安達太郎山相応寺と号したとあります。

徳一といえば最澄と、法相宗と天台宗の教義について論争を戦わせたことでも知られ、空海に対し

ても批判的であった人物でしたが、安達太良山の麓で、徳一と空海の名が並んでいることに面白みを感じます。

安達太良山は火山であり、岳温泉、奥岳温泉、沼尻温泉、野地温泉、塩沢温泉、横向温泉など多くの温泉が周囲にはあります。鉄山の中腹にある「くろがね温泉」はかつて陽日《ゆい》温泉といわれ、坂上田村麻呂が発見したと伝えられています。その真偽のほどはおいておくとしても、『日本紀略』や『日本三代実録』に「小結《ゆい》温泉に従五位を授ける」との旨の記述があることから、平安時代頃には、この周辺に温泉があったようです。

このくろがね温泉は浴槽に破損があって、しばらく営業を停止しており、「もう修理されないんじゃないか」という噂も聞いていたのですが、平成二九年九月から営業を再開したというので、僕も入りに行きたいと思っています。

ところで、安達太良山という奇妙な山名にはいくつかの説があるらしく、乳首山と呼ばれるように、乳首のアイヌ語であるアタタに由来すると言う説。または古代の製鉄「タタラ」に由来するという説などがあり、僕自身はタタラに由来する説がいちばん有力かと思いますが、物語として面白いと感じるのは、この土地で暮らしていた安達太郎にちなんだ説です。

その話はこんな内容です。――奥州安達郡二本松領塩沢村田地ヶ岡の城主である安達太郎は、飯坂城主佐藤氏の娘の照姫とひとり息子とともに平穏な暮らしをしていました。

多賀城にいた奥州の国司は、大変な女好きで、美しい女を自分のものにするために、かなり悪どいことを繰り返してきました。そして美しい照姫のことを知ると照姫の父である佐藤氏に「娘を私に差し出せ」と迫ったのです。

佐藤氏は国司の命令に逆らえずに、病気と偽って二人を飯坂城へ招きました。照姫のお付きの者が異変を感じ、二人に危機を知らせたので、太郎が照姫を連れて逃げ出そうとしたところ、佐藤氏に襲われます。自分の城もすでに多賀城の勢力によって占領されていたので、帰る場所を失った太郎は鎌倉に行き、国司の悪行の数々を申し立てた結果、国司は流罪になりました。

太郎は再び田地ヶ岡に戻りましたが、照姫は太郎が死んだものと思って自ら命を絶っており、残された太郎の子は箕輪大夫と鬼王丸に守られて安達太良山に逃れ、やがて元服して安達二郎と称しました。

それから太郎は、大人になった二郎に郡司職を継がせ、二郎は安達太郎を安達太郎山明神として祀ったことから安達太良山という山の名になり、箕輪大夫を箕輪権現として箕輪山に祀り、鬼王丸を鬼面骨明神として鬼面山に祀った——と伝えられています。

飯豊山

県境と雄大な景色が楽しめる山

山形県、新潟県、福島県の境に位置する飯豊山《いいでさん》は、標高二一〇五メートル。飯豊連峰として見れば大日岳が二一二八メートルで最高峰となっています。

飯豊山といえば、まず頭に思い浮かぶのが「県境」です。地図を見るとパッと見、飯豊山頂と福島県は少しずれているようですが、よく見ると福島県から細長い手というか触手のようなものが伸びて、飯豊山頂から御西岳まで覆っています。

これは明治時代の廃藩置県によって、福島県（会津）の一部であり、奥宮があった東蒲原郡が新潟県に編入されることになり、「奥宮と麓宮は合わせてひとつだ」とされると、麓宮があった福島県からの猛抗議があり、内務省の裁定によって飯豊山までの参詣道は福島県側に所属することになったということなのだそうです。

このような飯豊山が開かれたのは、白雉《はくち》三（六五二）年、中国から渡来した僧知道と修験道の開祖役小角《えんのおづぬ》が飯豊山頂に登り、この山を飯豊と名付けたとされ、また山形県の小国《おぐに》町では、南海、知影の二人の猟師によって開かれたともいわれ、他にも空海や行基、徳一といった高僧によって開かれたなど、周辺各地でさまざまな説があり、飯豊山が広く多くの人に信仰されていたことがうかがえます。

飯豊山には一ノ戸口、弥平四郎口、岩倉口などいくつもの登り口があり、いちおうは会津が表口とされました。

表口とされる一ノ戸から奥の院までの駈け所は、(1)一ノ鳥居・飯豊大権現～(2)一ノ戸～(3)薬師如来～大岩・不動明王～(4)塩小屋・弘法大師～(5)御沢・不動明王～(6)下十五里・弁財天～(7)中十五里・若木権現～(8)上十五里・毘沙門天～(9)地蔵・愛染明王～(10)剣峯・三宝荒神～(11)箸王子・箸王子権現～(12)種蒔・稲荷明神～(13)切合・馬頭観音～(14)草履塚・劔権現～(15)御秘所・御秘所権現～(16)山橋・神変菩薩～(17)一ノ王子・法界虚空蔵《こくぞう》～(18)二ノ王子・金剛虚空蔵～(19)三ノ王子・宝光虚空蔵～(20)四ノ王子・蓮華虚空蔵～(21)五ノ王子・業用虚空蔵～(22)本社・大黒と弁財天～(23)本社・蔵王権現(24)本社・御宝前権現～(25)本社・不動明王～(26)籠山・八万八千仏～(27)奥ノ院・御西大権現～(28)奥ノ院・大日如来が祀られています。

これを見てみると、神仏の並びや拝する時の唱え言が「南無帰命頂礼慚慙愧懺悔六根清浄……」と湯殿山法楽と同様なものであることから、出羽三山の影響を感じさせます。

飯豊山を参ることは成人儀礼の側面もあり、地元では「十三詣《まい》り」と呼ばれ、十三歳になった男子は身を清めるために集落にあるお堂などで七日間のお籠りをし、白装束をつけお山に詣りました。遅くとも十五歳になるまでにお詣りを済ませなければならず、「十六お山はかけるな」といわれたそうです。お詣りの途中で、怪我をしたりうまくいかないと、災いが家族にも及ぶとも考えられ、お詣りを無事に終えた者は集落の中で大人として迎えられ、嫁をとる権利を得られたそうです。

この行程の中で草履塚という場所で、草履を履き替える掟があったと伝えられますが、このような草履を履き替える場所は月山や御嶽山など修験の山に見られ、それは修験道の葬送儀礼にのっとり、身を清め異界に入ることを意味しました。

飯豊山の草履塚もそのような場所で、その先には御秘所という難所があり、その切り立った岩場では「神隠しにあう」と伝えられ、上、中、下と三つあるルートのうち、最もやさしく見える下のコースには、無間地獄に通じるという目に見えない穴があり、尋ねられても答えようがない（他言禁制の地である）ので「御秘所」とされます。

八海山
普寛と泰賢を思う

お米どころとして知られる新潟県南魚沼市にある、標高一七七八メートルの入道山を最高峰として地蔵岳、不動岳、七曜岳、白河岳、釈迦岳、摩利支天岳、剣ヶ峰などを総称した山脈群が「八海山」と呼ばれ、越後駒ヶ岳、中ノ岳とともに越後三山とも呼ばれ、古くから聖なる山として人々に信仰されてきました。僕が暮らしている山形の隣の新潟の山ということもあり、いつも気になっていた山です。

八海山の名の由来は諸説あり、八つの峰が段々と連なる「八階」に由来するという説、八つの峡谷に由来する「八峡」説、また八海山は山中に多くの池が点在し、池を海と見立てた「八海」に由来するという説があり、嘉永二（一八四九）年に書かれた『八海山御伝記』には池に法華経に説かれる八大龍王が棲むという話が出ており、興味を惹かれます。

八海山は南北朝時代に記された『神道集』にその名を見ることができ、八海大明神の本地を薬師如来としています。八海山麓には、八海山長福寺など本尊を薬師如来とする寺院があり、現在は八海山信仰と直接の関わりはないものの、中世の八海山信仰における拠点だったのではないかという説があります。

八海山の開山の話としては、『八海山御伝記』に空海が湯殿山を開いた時に、紫雲たなびく八海山にも登って、山上の霊松の木を大聖松神社と名付け、三日三夜の護摩修行をおこない、大聖歓喜天を勧請し、山頂に不動明王を祀ったとの記述があります。空海が湯殿山を開いたことも、八海山を開いたことも、そのまま事実とは考えにくいところですが、真言系の行者が八海山の信仰に関わりを持ち、初期に活動していた宗教者を空海に仮託して伝えられた話なのでしょう。

古くは祖霊の宿る山であり、集落に水を運んでくれる水の神、農耕神として信仰されてきたものの、戦国時代頃から、その信仰が衰退する時期があり、江戸時代後期に、木曽御嶽山を中興した人物のひとり普寛が、弟子の泰賢とともに八海山の登拝道である城内口屏風道を開き、広い地域で多くの人に八海山信仰が広まっていったと伝えられます。

木曽御嶽山の信仰の中でも、御嶽山座王大権現と三笠山刀利天宮とともに、八海山大頭羅神王は重要な神として信仰されており、御嶽山とのつながりを見ることができます。

八海山信仰が広まっていたのは御嶽行者普寛の存在があったことはいうまでもありませんが、弟子の泰賢の役割も見逃すことができません。

泰賢は魚沼市大崎の大前神社の神官、山田家に所縁ある生まれで、名を源蔵といった者が、神官であった叔父の取りなしで本山派修験の南方院で出家したとか、当山派の満願寺で出家したなど、諸説があるものの、やがて普寛と出会い弟子となり、八海山を再興しました。

『八海山開闢《かいびゃく》伝紀』によれば、普寛が江戸八丁堀に滞在中に夢に般若十六善神のうち提頭頼吒《だいずらた》神王があらわれ、「われは八海山屏風ヶ倉に霊を込めておくので、山を開け」とお告げがあり、五十鈴の滝を通り、屏風ヶ磐倉を開いたとされます。屏風道は切り立った岩に鎖が三〇本以上続く険しい道で、いかにも岩壁などの自然物に魂が宿ると考えた山伏が好みそうな雰囲気です。

その後、武尊山も再興した普寛と泰賢は各地を布教して歩き、享和元（一八〇一）年に普寛が七一歳で、泰賢は文化二（一八〇五）年、三二歳の若さで没したとされます。

数々の山の中興の祖として知られる普寛に比べて弟子の泰賢は影に隠れたような存在ですが、諏訪では御嶽講を泰賢講という名で呼ぶところがあり、泰賢がそれだけ影響力のある人物であったことがうかがい知れます。きっと魅力的な人柄だったのではないかと想像してしまいます。

鳥海山
奥深い物語の残る山

「手長足長」という妖怪は、もとは中国の『山海経《せんがいきょう》』に見られ、秋田県、山形県、福島県、長野県、福井県などの昔話や民話にも登場します。小学生の頃に水木漫画に出会い、夢中になっていた僕にとっては馴染みのある妖怪です。それが山形県と秋田県にまたがる鳥海山と関係がある妖怪だったとは意外でした。

　鳥海山に伝わる話は、このような内容です。――昔、鳥海山に手長足長という二人一組の妖怪がいて、ひとりは手が長く、もうひとりは足が長かった。子供をさらい、田畑を荒らし、人を食べることもあったので、人々は、鳥海山の大物忌神《おおものいみのかみ》に助けを求めた。すると神様は三本足の烏をよこし、その烏が、手長足長が山にいる時には「むや」と鳴き、村に降りてきた時には「うや」と鳴いて教えてくれた。

　それでも手長足長は悪さをやめないので人々は困り果てた。そんな時、京都から慈覚大師がやってきて人々が大師に手長足長のことを話すと、大師は護摩壇をつくり、不動明王像を置いて一〇〇日間祈祷《きとう》を続け、その満願の日、不動尊の目から閃光が走り鳥海山の頂を貫き、手長足長もろとも木っ端微塵に吹き飛ばした。吹っ飛んだ山頂は海に落ちて飛島《とびしま》になった——というものです。

鳥が「うや」「むや」と鳴くことから近くの関所を「有耶無耶の関」と呼ぶようになり、それが「うやむや」という言葉の由来になったともいわれます。この有耶無耶の関は、山形県と宮城県の境にある笹谷峠にも同様の話があるので、どちらかが物語を取り込んだものなのでしょう。

鳥海山の手長足長の物語からは、いくつもの要素を見つけることができ、「三本足の烏」というのは熊野修験が持ち伝えたものだと思われ、「慈覚大師」が登場するのは天台宗と関わりのある者が、この話の流布に関わったと想像できます。鳥海山には、矢島口、吹浦口、蕨岡口をはじめさまざまな登り口があり、そこを管理した真言系や天台系の修験勢力の間で争いがあり、山の歴史はかなり複雑で、それだけで本が一冊書けそうなほどです。

手長足長の正体は、日本列島の先住民だったと考えられることもあり、歴史学者の喜田貞吉は、土に穴を掘って生活をしていた土蜘蛛《つちぐも》と呼ばれた先住民が、蜘蛛という言葉の連想から、手足が長い人と信じられるようになったのではないかと述べました。また安倍貞任《あべのさだとう》の残党だと考えられる場合もあります。安倍貞任は前九年の役などの戦いで朝廷に抵抗した人物で、東北を拠点にした蝦夷《えみし》が朝廷の支配に従属するようになった俘囚《ふしゅう》といわれる存在を束ねる長であったといわれます。

この説に関連すると思われるのは、貞任の三番目の弟である安倍宗任《むねとう》で、宗任は岩手県胆沢《いさわ》郡金ケ崎町西根にあった鳥海柵《とのみのさく》の主で、またの名を鳥海三郎宗任といいました。七番目の弟の名は鳥海弥三郎家任《いえとう》です。江戸時代の『和漢三才図会』などには、鳥海山の山頂や山麓にある鳥海神社や鳥海山権現には鳥海三郎か鳥海弥三郎が祀られているとされ、江戸時代には広く流布した話だったようです。

また、手長足長の話の原型と思われる話が、鳥海山の登り口である吹浦《ふくら》に伝わる『大日本国大物忌大明神縁起』にあります。天地の清濁の中から両所大菩薩である月氏霊神と百済明神があらわれ、大鳥の翼に乗って渡来し、左翼に抱える二つの卵から両所大菩薩、右翼の卵から丸子元祖が生まれ、鳥は北峰の池に沈んだといいます。用明天皇の御世に多くの人々が鳥の毒で死んだので大明神は水火雷電を引き連れて罰を与え、貞観六（八六四）年に、慈覚大師は東北から五色の光が放たれていたのを見て、訪ねてみると鳥海山であったと伝え、登ろうとすると青鬼と赤鬼が出て氷雨を降らせて抵抗したので、火性三昧の法で当山を焼き尽くした鬼は跪いて仏法を守護することを誓い大師を導いたとあります。

この縁起の中の赤鬼青鬼が、時代の流れの中でさまざまな要素に影響され、持ち伝えた山伏聖の手によって手長足長に変化し、庶民に受け入れられるように改変されていったものなのでしょうか。鳥海山の麓の村々で、子供を集めて物語る山伏の姿が思い浮かびます。

宝珠山と山寺

脳裏に焼き付くムカサリ絵馬

山寺という言葉には、山深い古刹を思わせるような独特な情緒が込められているようです。それは松尾芭蕉が『奥の細道』の中で詠んだ俳句に影響されたイメージなのかもしれない、と感じます。一般に山寺といわれる山形県山形市の立石寺《りっしゃくじ》は、貞観二（八六〇）年、慈覚大師円仁によって開山されたと伝えられ、背後には奥の院とされた面白《おもしろ》山があり、山中には山伏が修行した場所という蜂の巣状に岩に穴があいている奇妙な景色の垂水《たるみず》遺跡などがあります。

開山には磐司磐三郎《ばんじばんざぶろう》という猟師が関わりを持ち、仏法流布の拠点をつくるために円仁がこの地を訪れて磐司磐三郎と対面し、磐司磐三郎は円仁に従い、自らの生業であった狩猟をやめて、仏に帰依し開山に協力したとされます。磐司磐三郎はその後、地主権現として祀られ、円仁と対面したとされる地には対面石と対面堂が残されました。

この磐司磐三郎という人物の伝説は、全国各地に存在し、狩猟民の祖先ともされます。中でも有名なのが日光権現と赤城明神の争いで、赤城明神の目を弓で射って日光権現を助けたことから、日光権現に全国の山で獣を狩ることを許されるという話です。バンジとバンザブロウは兄弟で二人の人物で

もあったという話もありますが、おそらくは、殺生を禁じる仏教が全国に広まる以前に、各地で狩猟採集をおこない生活していた人たちを象徴する存在で、立石寺においては、神格化したものが地主権現として祀られているのでしょう。

こうした高僧が山を開く際に猟師が手助けをする話は全国的に見られますが、山寺がある地域ならではの文化といえば「ムカサリ絵馬」の習俗があげられると思います。

ムカサリ絵馬とは、さまざまな理由で結婚することなく親よりも早く死んだ者の架空の結婚式を絵馬に描き、寺院に奉納し亡くなった者の死後の幸せを願う民間習俗で、立石寺の奥の院や東根市の黒鳥観音のお堂などに収められています。岩手にも同じような習俗があり、それは近年、博物館での展示の際に供養絵額と名付けられました。

藤子不二雄はムカサリ絵馬を題材に『山寺グラフティ』という短編漫画をつくり、僕は少年時代にその漫画を読んで感動し、長く記憶に残っていたのですが、それから二〇年以上経って山形で暮らすようになってから、そのモデルであるムカサリ絵馬の習俗に出会った時は感慨深いものがありました。

ムカサリ絵馬の習俗は江戸時代に始まったと考えられており、絵馬に描く絵は親族や近隣の絵師によるもので、洗練されたものではないですが、想いを込めて描いた絵馬には、異様な迫力が宿り、それがお堂いっぱいに奉納され、並べられている様子は戦慄をおぼえるほどです。

みうらじゅんといとうせいこうは著作『見仏記』において、立石寺を訪れ、お堂に収められたムカサリ絵馬を前にして、恐怖を感じ、すぐにその場を立ち去ったと書いていました。その際、みうらじゅんは仏像に関心を持って各地をまわっている自分は、「伝来」には関心があるけれど「由来」は恐ろしいと、独特の表現で東北の文化をいいあらわしていました。

僕なりにその表現を解釈すれば、奈良や京都などの仏像は中国から飛鳥時代や平安時代に伝来したなどと理解ができるものだけれど、東北の習俗にはいつの時代のものとも知れない、とてもおどろおどろしい「由来」が含まれていて、それが怖い、ということなのだと思います。

このムカサリ絵馬自体は、先にも述べたように江戸時代に始まったと考えられている習俗で、現在残されている絵馬も、それほど古いものではありません。しかし、その文化には山形でオナカマと呼ばれる盲目の女性宗教者などが関わっており、死者と生者をつなぐ役割を担った彼女たちの持つ歴史は、いつともわからないほど古いものです。

オナカマのような存在は民衆の要望に応え、時代ごとにさまざまな習俗を生み出してきましたが、その習俗の表層をめくった時にあらわれるおどろおどろしさには、まさに深い由来があるものなのだと思います。

今熊山

修験につぶされた修験の山

月山の北北東に標高五七三メートルの今熊山があります。南には湯治場として知られる肘折《ひじおり》があり、かつては月山から湯殿山へ至る参詣口として栄えました。月山山頂へ続く道は「八方七口」といい、八つの方角に広がる七つの登り口があり、その中でも肘折へ続く道は長く、一〇時間程度の山歩きが必要で、途中の念仏ヶ原にある避難小屋へ一泊しなければならない健脚向けのコースとなっています。

肘折から北の今熊山を経て、最上川へ抜ける道があり、その途中に番所峰とよばれる場所があります。江戸時代中期に肘折周辺に金山が見つかり、そこで採れた金を、肘折から北に山を越えて今熊山の脇を通り、戸沢藩に運んでいました。その金の流れる川をわらじで歩き回り、そこについた金を盗む者がいたので取り締まりをするために、番所を設けたことが由来とされ、今も鬱蒼《うっそう》とした山道の傍に番所が建っていたであろう平地になった場所が残されています。

今では歩く人がほとんどいない山道ですが、かつては金を運ぶ道として人の往来があったことがわかります。この山道の途中の森の中にポコンと大きな岩が乗っかったように見える今熊山は、角川集落にある今熊野神社の奥の院で、この神社に納められた鰐口の銘が文安四（一四四七）年であることからも、とても古い霊場であったことがわかります。

『今熊野権現略縁起』によれば、熊野大権現の本地仏である阿弥陀、薬師、観音が燧岳《ひうちだけ》に降り立った後、角川の高倉山の窟に入り、神亀元（七二四）年、早坂新九郎と磯部万九郎という猟師が山で見つけた熊を追って窟に入るとまばゆい光とともに三尊があらわれ、早坂新九郎はこの霊験に感じ入り、剃髪して山を開き三尊に仕えた、とされます。

早坂新九郎が熊を追いかけている時に、雪の間から湯気が立ち上るのを見かけ、そこに見つかったのが今神温泉だったとも伝えられます。今神温泉はどのような病も治す湯とされ、全国各地から湯治客が訪れ、六軒の旅館が建ち、その最盛期は明治末頃であったそうです。

漫画家のつげ義春の『ゲンセンカン主人』の舞台のモデルのひとつともされ、エッセイ集『つげ義春とぼく』では実際につげ義春が今神温泉を訪れた様子が描かれています。その際には、明治の頃のような人でにぎわう様子とは変わり、重い病の人のみを受け入れる一軒の旅館が建つ寂しい秘湯といった趣になっていました。なんとか宿泊にこぎつけたつげ義春は、湯治客のひとりから温泉の上の方にある御池に棲むイモリの腹の模様は漢字で南無阿弥陀仏と書かれているのだという話を聞いています。

僕もいちおう御池のイモリのお腹を見て確認してみましたが、ふつうの模様でした。でも、もしかしたら今神温泉を訪れるような重い病を持った信心深い人が見たのなら、ただの模様が阿弥陀の名号に見えることもあるのかもしれません。近年この今神温泉は山道が崩落していることもあり、閉鎖していることが多いようです。

また今熊野という名前でわかるように、この地には熊野系の独自の修験があり、山の中には四八の坊舎が建っていたという言い伝えもあります。しかし、地元の人の話では今熊山の山伏は羽黒修験との勢力争いに敗れ、今熊山から月山へ続く山道の鎖を断ち切られて衰退してしまったのだそうです。そうした話は残されていますが、新熊野神社がある角川から月山を経て湯殿山に至る道は存在していました。ここ数十年はほとんど人が通らなかったために消えかかっていましたが、近年は地元の人たちが山道を復活させようと途中まで草刈りをしているので、いずれ月山までの道も復活するかもしれません。

角川から月山へ向かう山道の途中には、浄の滝とよばれる二つの塔のようにそびえる岸壁の間から流れ落ちる大きな滝があり、かなり見応えがあります。僕も以前、草刈りに同行したことがあり、かなり山深い場所でクマの糞を見かけました。近くの山の中で大きなツキノワグマのオスを見かけたことがあるので、数年越しの間接的な再会にうれしく思うと同時に、会った時に木を揺さぶってかなり威嚇されたので、直接的には会いたくないなと思いました。

岩木山

さんせう大夫と鬼

青森には岩木山にまつわる伝説が伝えられています。

奥州五四郡を支配する岩城の判官であった正氏は、貶められて筑紫に流罪となります。妻と子の安《あん》寿《じゅ》と厨《ず》子《し》王《おう》丸《まる》は正氏に会うために筑紫に向かう途中、人買いに騙されてしまい、母と子は離れ離れになり、安寿と厨子王丸は丹後の山《さん》椒《しょう》大《だ》夫《ゆう》のもとで奴隷として辛い日々を過ごすことになってしまいます。姉の安寿は弟を逃しますが、そのため拷問を受けて死んでしまい、逃げ延びた厨子王丸は天王寺に身を寄せ、そこで大臣の梅津院の養子となります。やがて宮廷に出仕し、そこで帝に事の成り行きを述べたところ、厨子王丸はもとの岩城と丹後を与えられ、丹後に赴くと山椒大夫を呼び出し、鋸挽きの刑にします。その後、母を探した厨子王丸は盲女が「厨子王丸恋しや、安寿恋しや」とうたうのを聞き、母と再会します……。これが説経節の『さんせう大夫』のだいたいのあらすじですが、青森に伝わっている物語では、亡くなった姉の安寿は死後、岩木山の神に祀られたともされます。

この物語は説経節の中でも『苅萱《かるかや》』『俊徳丸《しゅんとくまる》』『小栗判官《おぐりはんがん》』『梵天国《ぼんてんこく》』と並んで、中世以来、広く親しまれた「五説教」のひとつとされています。『さんせう太夫』にはさまざまな異説が存在しますが、

天明四（一七八四）年の津軽藩の記録には、「悪天候が続くが、丹後の者が入国していないだろうか。もし丹後の者らしい人物がいれば追い返すように」という記述があります。それは安寿や厨子王丸をいじめた山椒大夫が丹後の人間であったために、丹後の人間が津軽に入ると、その恨みで天候が荒れるのだと考えられ、安寿が岩木山の神であるという観念が広まっていたことがうかがえます。

岩木山の神になった安寿の話には、また別の話も伝わっており、安寿と厨子王丸はどちらが岩木山の神になるかを決めるため、岩木山の山頂まで競争することにしたが、途中で大坊の熊野神社で神楽《かぐら》を見物しているうちに厨子王丸が眠ってしまい、その隙に安寿が山頂に到着して岩木山の神になったという話があります。このことがあるために、大坊の人たちは厨子王丸に同情して岩木山には登らないのだとされます。

この話の登場人物は安寿と厨子王丸ではなく、三姉妹の神とされることもあり、姉妹それぞれが岩手山の神になりたいと願っていたので競争して、途中の神楽に見とれているうちに末の妹がぬけがけして岩手山の神になったという内容のものもあります。結果、長姉は小栗山の神になり、次姉は大坊の神になったといいます。こうした経緯があったのでお互いに仲が悪く、小栗山の神社の祭りを岩木山の神が邪魔したためで、小栗山の神は腹を立てて小栗山の麓の村人に「岩木山に登るな」といいつけ、それ以来、小栗山の村人は岩木山に登らなくなったのだそうです。

この話から思い浮かぶのは柳田國男の『遠野物語』に収められている三人の女神の物語です。ある日、女神の母が三人の娘に「今夜、良き夢を見た者に、良き山を与えましょう」と言い、その夜、姉の女神に胸の上に天より霊華が降りてきたのを末の娘がこっそり奪って、自分の胸の上に置いたことから末の娘は最も美しい早池峰山《はやちね》を、姉二人は六角牛山《ろっこうしさん》と石神山《いしがみさん》をもらうことになったと伝えられています。遠野の女は女神の嫉妬をおそれて、今も六角牛山と石神山には登らないとされています。こうしたさまざまな物語が影響を与えて、山の物語が生まれているところに面白みを感じます。

また何度か岩木山を訪れて、周辺の神社の鳥居の貫の額がついている部分に鬼が祀られていることも、とても面白い文化であると感じます。岩木山周辺はかつて「アソベのモリ」と呼ばれ、鬼の伝説が多く残されていますが、そこでは鬼が恐ろしい存在というより、相撲を取って遊んだり、農耕の手伝いをしてくれる存在で、鬼を祀る鬼神社もあります。

鬼といえば先住民である蝦夷と混合されることもあり、坂上田村麻呂が鈴鹿山で大獄丸を追いやり、東国を征夷していったように、だんだんと北に追いやられた鬼が、岩木山の麓で鳥居と合一して農耕の神になっていることに、奇妙な哀愁を感じるのでした。

八幡平

鬼を追う坂上田村麻呂

　岩手県と秋田県の境にある八幡平《はちまんたい》の麓には多くの温泉が湧き出ていて、漫画家のつげ義春は『オンドル小屋』という作品の中で、蒸ノ湯《ふけのゆ》温泉での出来事を描いています。オンドルとは温泉地らしく暖かい地面の上にゴザを敷いて横になる、地熱を活かした蒸し風呂のようなもので、蒸ノ湯温泉や大深温泉や後生掛《ごしょうかけ》温泉などで入ることができる珍しい入浴方法です。八幡平を訪れた際には、ぜひともオンドル風呂を体験してみたいと思っていた僕は、蒸ノ湯温泉に立ち寄りました。

　蒸ノ湯温泉の宿は木造の建物で、東北の山奥の温泉としてとても雰囲気があります。建物の中で入浴料を支払い、そこから外に出て、数分歩いて風呂に向かいます。蒸ノ湯温泉の周囲は湯煙が立ち昇り、所々に源泉が沸騰し噴き出している荒涼とした地獄のような風景です。ここには女湯と男湯、混浴の浴槽があり、混浴の浴槽の横にオンドル小屋がありました。

　僕はまず、身体を温めようと混浴風呂に入ることにしました。浴槽によって温度に差があるので、僕は熱すぎない湯に入りました。湯は白っぽく濁っていて、かなり見晴らしの良い開放感のある風呂です。身体が温まった後、僕はオンドル小屋に向かいましたが、小屋といってもちゃんとした壁があ

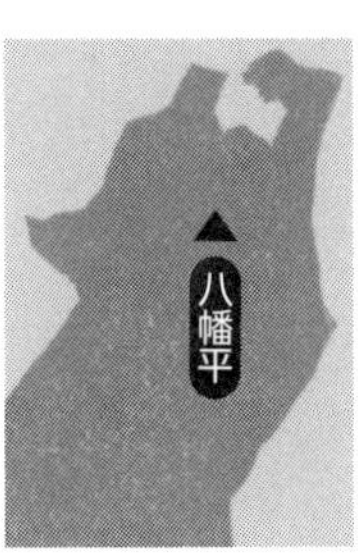

るわけではなく、簡易的なテントの骨格に簾《すだれ》が掛けられているようなものです。この日は少し風があったので、地熱に蒸されるような感じはなく、横たわると微かに暖かさを感じることができるという程度でした。

　オンドル体験は残念でしたが、また状況の良い時に、付近の大深温泉や後生掛温泉を含めて試してみたいです。

　さてこの八幡平という山が、なぜその名になったのかといえば、やはり東北に伝説が多く残る坂上田村麻呂と関係があります。――鈴鹿山を拠点にしていた大嶽丸という鬼を一度は退治するものの、再び蘇り今度は岩手山を根城にするが、そこでも大嶽丸《おおたけまる》を打ち破った。大嶽丸は蝦夷《えみし》の長であるアテルイと混合される存在でもありますが、田村麻呂は大嶽丸の残党である登鬼盛《ときもり》を追って山に登り、その美しさに感動する。そこで八幡大菩薩に必勝祈願し、蒸ノ湯温泉や後生掛温泉の西側にある焼山の火口付近の鬼が城で登鬼盛を討ち取り、その帰りに再び美しい山を訪れた際に、八幡平の名をつけた――とされます。

　登鬼盛を討ち取った場所は、岩手県側の長者屋敷という場所であったともいわれ、そこには登鬼盛を切った血のついた刀を洗ったとされる長者屋敷清水があります。いずれにしても田村麻呂が八幡平を訪れたというのは史実ではないとされますので、やはりさまざまな伝説が田村麻呂や大嶽丸や登鬼盛を軸に派生していったということなのでしょう。

　八幡平市の長者屋敷遺跡は縄文時代から平安時代にかけて重層的に遺跡が出土しており、蝦夷の拠点であったのではないかと考えられています。田村麻呂に討たれた登鬼盛は大嶽丸や悪路王《あくろおう》の子供であったとされ、長者屋敷遺跡のあるあたりは現在でも時森と呼ばれているのだそうです。東北には山のことをモリと呼ぶ文化が広く残っていますので、トキモリというモリが先にあり、登鬼盛という存在が考え出されたのかもしれません。

蝦夷を征服していった坂上田村麻呂の伝説と並んで、先住民とも考えられる鬼の存在が多く残る東北では、恐ろしいもの、悪いものと考えられがちな鬼という存在にも、どこか親近感を持っているように僕は感じてしまいます。

そもそも岩手県の県名の由来も、かつて鬼が暴れて人々を困らせていたため、盛岡市にある三ツ石神社の神様が鬼を懲らしめ二度とこの地に戻ってこないように「岩」に誓いの「手形」を押させたので「岩手」なのだともいわれます。

県名にまで鬼のおもかげが見え隠れする、東北の山を訪ねると、そこでは温泉と鬼の物語に出会うことができるのでした。

恐山

素晴らしい温泉が湧く霊場

青森の下北半島の中心に位置する恐山は標高八七九メートルの活火山で、死者の集う山としてよく知られています。漠然と「恐山」という名で呼ばれていますが、恐山という単独峰があるわけではなく、山全体を霊場として捉え、その総称が恐山なのです。

山頂の宇曽利湖《うそりこ》は「入江」や「窪み」などを意味するアイヌ語が元になったという説があり、「ウソリ」がいつしか「オソレ」となって恐山という名に変わったのだとされます。

宇曽利湖は噴火口にできたカルデラ湖で、一見、死の湖のように見えますが、実はウグイが棲んでいるのだそうです。水質は酸性で、ウグイは魚類の中で最も酸性に強い魚とのことでした。

恐山といえばイタコを思い浮かべる人が多いと思います。古くから恐山にはイタコのような口寄せ巫女が集まり、死者の言葉を語り、生者とのつながりを生み出していた……そのように想像してしまいますが、実は恐山＝イタコというイメージがつくられたのは、昭和三〇年代にテレビ番組で紹介されたことがきっかけであったともされます。

一九八四年に出版された河北新報社編集局編『もう一つの世界＝庶民信仰』には、「イタコで有名な恐山ではない。地蔵信仰で有名な恐山だ。イタコと円通寺はまったく関係ないし、大祭と秋まつりの時しか山に入れていない」という恐山菩提寺の僧侶の声をのせています。大正時代の記録を見ると、恐山の祭りにイタコは参加していないので、やはり昭和に入ってから、お寺の軒下などで勝手に仏おろしなどのイタコの商売を始めたようです。そのため、やはり寺側と軋轢《あつれき》が生じてイタコ側も組合をつくってルールを決め、恐山で商売ができるように代表者が交渉するということになりました。

前述の本によると、イタコ組合はバブル経済前夜の昭和五九年には津軽のイタコが一三人、南部イタコが一七人、岩手県九戸郡と千葉県佐倉市のイタコがひとりずつで、地元のむつ市のイタコはひとりだけで、ほとんどが出張だったそうです。

イタコのような神おろし、仏おろしといった口寄せをおこなう巫女は各地に存在し、それぞれ微妙に性格が異なりますが、モリコやイチコ、カミサマ、ゴミソなどと呼ばれ、僕が現在住んでいる山形ではオナカマという口寄せ巫女などが活動していました。

恐山のイタコ組合に僕の出身地である千葉県の口寄せ巫女が参加していたことに驚きを感じます。ですが、たしかに僕が子供の頃には、家の近所に口寄せを生業とする老婆が住んでいたので、そういった人たちのひとりが恐山に出張していたのでしょう。僕は小学生の頃に、その老婆の家に行って、神おろしや仏おろしをする様子を目撃して衝撃を受けた記憶がありました。

老婆が口寄せをする時は、祭壇の前に座り般若心経をあげていると、身体がリズミカルに動き出して、次第に跳ね上がるくらい大きな動きになります。しばらくその状態が続くと、やがて老婆の声色が変わって、何者かが憑依した状態となり、その時々の相談者に語りかける（口寄せする）のでした。

小学生の頃の僕にとっては、その異様な状況や老婆の家の廊下に飾ってあった地獄絵図がとても恐ろしいものに思えましたが、反面、面白くも感じました。そのため、僕はたびたび、老婆の家を訪れ、老婆から、蛇を見た時に悪さをさせない唱え言や悪霊から身を守るオマジナイなどを教えてもらいました。

中学生くらいになると、そういった世界のことはほとんど信じなくなっていましたが、老婆の影響からか、僕は水木しげるの漫画が好きになり、『ゲゲゲの鬼太郎』で鬼太郎が大怪我をすると恐山にある妖怪病院に入院するということを憶えていました。

恐山の境内には温泉が湧き、四つの湯小屋があります。とても良いお湯で、初めて恐山を訪れた時には、妖怪病院というのは、この温泉で湯治をして身体を治すところだったのかもしれないなと、湯に浸かりながら、勝手な妄想をしたのでした。

葉山

かつての出羽三山の一角

モリヤマと呼ばれる小高い山が東北には多くあり、その中には亡くなった人が宿る聖なる場所とされる山が多かったと、この本の中でたびたび言及してきましたが、モリヤマと共鳴するハヤマ信仰という文化があります。ハヤマとは端《はし》の山の意味で、集落から近い、小高いこんもりとした山がハヤマとされることが多く、羽山とか端山とか葉山などとあらわされます。山形県の村山市と寒河江《さがえ》市の境には葉山と呼ばれる山があり、この山を根拠地として宮城や福島まで葉山信仰が広がりを見せています。僕は山形に通うようになって、ハヤマ信仰のことを知ってから、村山市の葉山を初めて見た時、葉山が集落から近い小高い山というよりも、威風堂々とした深山の趣があり、葉山信仰とハヤマ信仰が同じものなのだろうか、と違和感を感じたことを憶えています。

ちなみに山形県内のハヤマは岩崎敏夫の『東北の山岳信仰』によれば、上山《かみのやま》市の葉山、長井市の葉山、高畠町の羽山、戸沢村の大葉山、鶴岡市由良の葉山があり、いずれも里近くにあり作神を祀っているのだそうです。出羽三山のうちのひとつ羽黒山もハヤマのひとつだとする説もあります。

葉山は貞観一二（八七〇）年に出羽国白磐《はくばん》神が従五位下を授かった旨の記述が『日本三代実録』に

あり、江戸時代に鳥海山の大物忌《おおものいみ》神社の神職だった進藤重記が『出羽国風土略記』の中で、「白磐神は白谷神《しらやかみ》とも呼ばれて、葉山を意味する」と述べており、葉山の麓、寒河江市には白岩という土地があります。また、そのすぐ近くには慈恩《じおん》寺という寺があり、葉山は慈恩寺の奥の院とされ、慈恩寺の山伏たちは、慈恩寺の奥山にあたる、葉山山麗の南端を「山醍醐」と呼び、そこで修行をしたとされます。

慈恩寺は別当の最上院と学頭である華厳院と宝蔵院と四八の坊で構成されており、真言宗、天台宗兼学の寺院とされ、古くは平安時代初期の奈良の法相宗の僧侶が寺の開創に関わりがあったのではないかと推測され、現在でも祭礼の中で法相宗の様式でおこなわれている箇所を見ることができます。

葉山は江戸時代以前には出羽三山の中のひとつに組み込まれることもありましたが、天正年間（一五七三―九二年）に理由はわかっていませんが、慈恩寺は葉山との縁を切り、出羽三山からも離脱することになりました。

明治の廃仏毀釈の際には、最上院が『神社改正社格願並証類』の中で、「慈恩寺と葉山は一体であったものが天正以前に分離したが、慈恩寺は白磐神と同じであり神山である」と主張し、これに対し慈恩寺の寺院側勢力は「葉山と慈恩寺は開祖も別で、参詣道も白岩から葉山へはあるが、慈恩寺からの参詣道はないので、まったくの別山である」としたと『東北の山岳信仰』にはあり、時代によっても立場によっても山の関係性が異なることがうかがえます。

葉山の白磐神にちなむとされる白岩集落は、鎌倉時代に寒河江を支配した大江氏の庶流が、白岩氏として城を築いて治め、やがて最上義光《もがみよしあき》によって攻め取られるものの、義光が亡くなると、後継者争いが起こったために最上氏は改易されてしまい、その後に庄内藩主の酒井忠勝の弟である忠重の所領となりました。

しかし忠重は絵に描いたような悪政をおこないます。結果、千数百人もの人間が餓死、または身売りする状態になり、村人たちはその悪政を二三項目に書き記した「白岩目安」を幕府に直訴しました。忠重は罷免されるものの実際には罰せられず、一揆の首謀者は三八人が打ち首になるという「白岩一揆」がおこりました。

忠重に関しては、その後も白岩の人たちのトラウマになったようで、忠重が妊婦の腹を裂いたとか、盲人を生き埋めにして、今でもその悲鳴が聞こえる場所があるのだと伝えられています。白岩は僕の工房から車で一〇分ほどの場所にあり、おいしいラーメン屋があるのでたびたび訪れていますが、そんな凄惨な過去があったのが信じられないくらい、今はのどかな土地になっています。

岩手山

岩手県の最高峰

麓から見える雪渓が鷲の形に見えたことから巌鷲山《いわわしやま》ともいわれた岩手山は、標高二〇三八メートルの岩手県で最も高い山です。

鎮座するのは顕国魂命《うつくしにたまのかみ》（大国主）、宇賀御魂神《うかのみたまのかみ》、倭健命《やまとたけるのみこと》の三柱の神で、その本地は阿弥陀如来、薬師如来、観音菩薩となっています。『陸奥岩手郡巌鷲縁起』には、大和国で行基が光の差す大木の根元で一〇〇歳ほどの老人と出会い、この大木で阿弥陀、薬師、観音の三尊の仏像をつくるように言われ、それからのち、坂上田村麻呂が奥州に鬼退治に来た際に、それらの三尊を守護として鬼退治をすることができたと記されています。

ちなみに、鬼の名は大嶽丸といい、大高丸や大竹丸、大猛丸などなど、多くの異称があり、各地に出没し、特に東北では蝦夷の首長である悪路王・アテルイと混合されるなど、鬼の世界でもかなり名の知れた存在です。いずれも坂上田村麻呂に滅ぼされることになっており、渡来してきた大和朝廷に征服される先住民を物語化した存在ではないかと考えられます。

また、岩手山の文化で興味深いのは、かつて岩手山に登拝する人たちには「南無帰命頂礼、懺悔懺

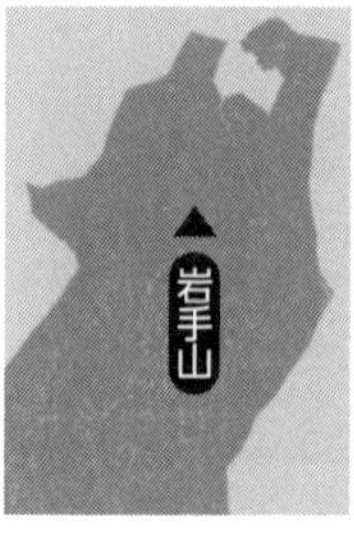

悔、六根罪消、南無大悲の一の王子権現、一時礼拝」という唱え言があることです。これはおそらく出羽三山で唱えられている湯殿山法楽の一節が、口伝えで年月が経つうちに変化したものではないかと思われます。ちなみに「南無大悲の一の王子権現」の部分は、場所によって違う神仏の名前を唱えます。

湯殿山法楽では、「南無帰命頂礼、慙愧懺悔、六根罪消、（ここに拝所・聖地ごとの神仏の名前が入る）、一時礼拝」と唱え、湯殿山への道のりの中でいくつもある拝所・聖地で幾度となく唱えていきます。

郷土史家の田中喜多美によれば、出羽三山の一角、羽黒山の山伏が、寛永一〇（一六三三）年に岩鷲山大勝寺を創建したが、従来岩手山の別当があった所に割り込むように建てられたので、羽黒派に対する反発が大きく、別の修験集団に所属する山伏も少なくなかったらしいとのことでした。

岩手山には柳沢口を表口として、雫石《しずくいし》口、平笠《ひらかさ》口、網張《あみはり》口などの登り口があり、登拝する者は登り口や九合目でわらじを履き替えたという話も残っています。これは修験道の葬送儀礼に因んでおり、自らを山という死の世界に送り、死に触れ、生の世界に戻る擬死再生の考え方が根底にある習俗です。

多くの地域でおこなわれているように、岩手山も生と死の溢れ出す聖なる山として、成人に達する年齢になった若者が山に赴き、戻ることで集落の中で大人として認められたのだそうです。

僕は岩手山を訪れた時に、網張口の網張温泉の野湯である仙女の湯に行き、体の疲れを癒しました。小岩井農場が近くにあり、かなり見晴らしの良い開けた山の裾野にある網張温泉の休暇村の建物の奥に仙女の湯はあるのですが、まず先に休暇村の建物の中で入浴代金を支払って、それから建物の横を通り抜け、山道を一〇〜一五分ほど歩くと湯にたどり着きます。

ここは混浴の露天風呂ですが、僕が訪れた時には男性がひとり入っているだけで、その人もすぐに帰ってしまいました。いちおう男女別の脱衣所があり、バスタオルを巻いて湯に入ることも禁じられていないそうなので、女性にも入りやすい混浴風呂かもしれません。

この森に囲まれた湯のすぐ横には滝があり、滝打ちして、体が冷えたら湯に入るということもできそうです。あまり鍛錬にはならないかもしれませんが、厳しい滝打ちだけではなく、こんな気持ちの良い修行があってもいいかもしれないな、なんてことをお湯に浸かりながら考えてしまいました。

早池峰山

女神と神楽の山

岩手県にある北上山地の最高峰、早池峰山は、山頂に雪がかぶる時期に麓から仰ぎ見ると、その稜線の美しさに目が奪われます。古くはアズマダケやヒガシネダケと呼ばれた山でしたが、中世頃には早池峰山と呼ばれるようになったのだそうです。

何年か前に訪れた早池峰山は濃い霧が立ち込めていて、森の中から立派なツノを持った鹿があらわれ驚いたことがありました。全国で鹿が増えすぎて山が荒れることが問題になっていますが、その時は、大きな雄鹿の悠々とした姿に生き物としての尊厳のようなものを感じ、早池峰山の思い出として強く印象に残っています。

山の周辺には早池峰山の美しさを語るこんな話があります。――母神が三人の娘たちに「いちばん良い夢を見た者に、いちばん良い山をやろう」と言い、夜が更けると天から霊華が姉の元へと降りてきて、それを末の娘が横取りして自分の胸の上に置いて眠ったので、最も美しい早池峰山を貰うことになった。そして二人の姉には六角牛山と石上《いしがみ》山が与えられた――という内容です。なんだか姉二人がかわいそうな気もしますが、ずるいことをしてでも主になりたい美しい山、ということなのかもしれません。

早池峰山には四つの登山道があり、各登山口には山伏が院坊をかまえていました。東の江繋《えつなぎ》口、西の大出口、南の岳口、北の門馬《かどま》口とあり、各登り口の院坊はそれぞれが独立した集団で、統一されることがなかったとのことです。

早池峰といえば神楽が有名ですが、祭りの時期には集団ごとに山伏神楽をおこなっていました。それが現在では時代の移り変わりの中で祭りも衰退し、岳口の岳集落の岳神楽と、岳口に通じる田中神社のある大償《おおつぐない》集落の大償神楽の系統が、現在でも八月一日に早池峰神社本殿においておこなわれています。

また早池峰山の開山伝説も登り口ごとに伝わる話が異なるのですが、おおむね猟師が獲物を追って、そこで十一面観音や姫神など聖なるものと出会い、猟師がお堂をつくるなどして早池峰山の信仰が始まったとされます。

早池峰という変わった名前は、山頂の池に由来するもので、常に水をたたえ、雨が降っても日照りが続いても、その水量は常に変わらないという霊池で、その水には甘みがあるのだといいます。しかし、その池を汚い器などを使って水を汲むようなことがあると、池の水はすぐさま枯れてしまい、水が湧き出るようにお経を唱えればすぐに湧き出るという、反応が早い神妙なる池のある峰ということで「早池峰」なのだそうです。他にもアイヌ語から由来するのではないかとかさまざまな説があるとのことでした。

慈覚大使円仁《えんにん》が早池峰を訪れた際には、早池峰山頂の霊池に感激して、麓に建てた寺の名前を「妙泉寺」としましたが、明治の廃仏毀釈以降は早池峰神社となっています。

ちなみに妙泉寺は二か所あり、明治以降は遠野市の方は遠野早池峰神社、花巻市の方は岳早池峰神社となりました。その二つの霊場は、江戸時代にどちらが本坊であるのかという争いを九〇年にわたって繰り広げたと伝えられています。個人的には、そのあたりも争いごとが多い修験系の山という印象を持ちました。

早池峰山の山頂から湧き出す水は猿ヶ石《さるがいし》川や北上川となって流れ出し、麓の田畑を潤しています。この辺は気温の変化の激しいところで、凶作に見舞われることも多く、そのため山に対する信仰もまた篤いものがあったのだそうです。

早池峰で繰り広げられる山伏神楽の熱狂と、大きくまとまることなく、修行に没入した山伏たち、そこに根を生やし必死に生きる人たちの姿が重なり合い、からみ合ってつくりあげられている東北的なイメージに、心惹かれるところがあります。

瀧山

忘れられた聖なる山

山形はかつて「山方」と書いてヤマガタと呼ばれた時代があったそうです。では、どこの山の方だったのかといえば、諸説ありますが、有力なのが山形市内にある「瀧山《りゅうざん》」という山だと考えられています。ちなみに、山形市の隣には上山《かみのやま》市がありますが、一説には上山とは、瀧山から見て上の方（都の方角）にあるので上山になったともされます。

慈覚大師円仁によって仁寿元（八五一）年に開かれたという瀧山は、標高一三六二メートル。市内から見上げると、それほど大きく感じない、意識しなければわからないような地味な山です。

山形で暮らしている人も、現在では瀧山の存在を知らないことが少なくありません。しかし、瀧山は鎌倉時代頃までは、巨大な信仰を集めた霊場でした。山形市内には平安時代のずんぐりとした異様な形の石鳥居が点在しており、瀧山信仰の痕跡とされています。瀧山の麓にも「三百坊」という地名が残り、そこにかつて三〇〇もの坊舎が建っていたのではないか、あるいはたくさんあるということで三〇〇と表現されたとも考えられています。この三百坊の地区には、三百坊という名の蕎麦屋があります。古い日本家屋ときれいな庭があり、蕎麦もおいしいので、近くに行った時は立ち寄りたくなります。もともと僕はそんなに蕎麦好きではなかったのですが、山形で暮らすようになってから、他の地域より蕎麦が格段においしいことに気がつき、すっかり蕎麦好きになってしまいました。

『奥の細道』を記した松尾芭蕉は、歌人であった西行の足跡を辿って旅をしたとされますが、芭蕉は西行が訪れた山寺、立石寺で「閑さや　岩にしみ入る　蝉の声」という有名な句を読みました。僕も子供の頃からこの句がとても好きでしたが、西行が訪れた「山寺」とは瀧山であったのではないかという説もあります。実際に西行は瀧山の桜を目にして「たぐひなき　思ひ出羽の　さくらかな　うすくれなゐの　花のにほひは」という歌を詠んでいます。

瀧山はもともと霊山と称し、霊山とは奈良時代から平安時代にかけて国府が置かれた場所、つまり政府の出先機関の近くの山につけられた名であったそうです。

また瀧山は蔵王山信仰の中の蔵王本宮とされ、現在でも登山道には「垢離《こり》かけ場」「うがい場」といった儀礼をおこなった場所や、「わらじ脱ぎ石」という黄泉の国から戻ってきたイザナギがわらじを脱いで身を清めた神話にもとづいた修験道の儀礼がおこなわれた岩や、大きな磐座《いわくら》の隙間を女性器に見立てて、そこをくぐり抜けることで観念的に生まれ変わる「胎内岩」など、かつて霊山だった頃の痕跡が残されています。

しかし瀧山は、鎌倉幕府の執権北条時頼によって閉山を命じられてしまいます。その理由は定かではありませんが、時頼が保護した禅宗に対して瀧山が天台宗であったからだとか、勢力を持ちすぎたために目をつけられたからともいわれます。こうして「北の叡山」ともいわれた瀧山は幕府によって潰されてしまいました。

やがて昭和に入り、温泉やスキーなどのレジャーが盛んになってくると、瀧山のある地域は西蔵王と名付けられ、そこにかつて蔵王本宮があったことは気にとめられなくなり、瀧山は歴史に埋もれるようにひっそりと佇む山になっていったのでした。しかし、水が貴重だった時代から今に至るまで、瀧山から流れ出る川や泉が農耕や生活に使われ、瀧山は山形の人々の命を育くむ山であり続けたのでした。

第七章

柱と綱とモリ

高塚山

縄と柱と海辺の街

千葉県南房総市千倉《ちくら》町にある高塚山は、標高二一六メートルと高い山ではありません。海から近いことで、潮の香りを運ぶ風が、マテバシイなどの広葉常緑樹の森をサワサワと揺らし、天気が良い日は、鬱蒼《うっそう》と茂る木々の隙間から光が差し込む気持ちの良い山です。山頂には不動尊が祀られ、風神と雷神が祀られた山門があり、麓には大聖院という寺があり、江戸時代中期の彫刻師「波の伊八」が彫った龍と波の欄間を観ることができます。

高塚山の周辺にはいくつもの面白い文化が残されています。近隣の高家《たかべ》神社に祀られている日本神話の中で料理の神とされる磐鹿六鴈《いわかむつかり》は、景行天皇が東国の上総《かずさ》国を訪れた際に、磐鹿六鴈が白蛤《うむ》と呼ばれたハマグリを膾《なます》にして献上した功により、朝廷において供御《くご》を奉仕する膳大伴部《かしわでのおおともべ》の職を賜ったのだそうです。

現在、高家神社がある場所は、高塚山から北に二―三キロ離れた場所にありますが、それは中世以来所在不明となっていたものを江戸時代末に再建したもので、元の高家神社は高塚山山頂の不動堂であったという説もあるそうです。その真偽のほどはわかりませんが、こうした話が生まれた背景は、

この土地から朝廷の大膳職を担った高橋氏が出たためともされます。

また、千倉は海の民の文化が色濃く残る土地でもあり、高塚山の麓の白間津《しらまづ》では海女《あま》の文化が根付いており、海女の田仲のよの著作『海女たちの四季』には、白間津の人たちは、年の始まりには必ず高塚山にお詣りする風習があるのだと書かれていました。この周辺では最も高い山であったため、漁師たちが海から目標にするヤマダテの山でもあった高塚山は、周辺で暮らす人たちにとって聖なる山だったのです。

この白間津で五年に一度おこなわれているオオマチという祭りも、とても興味深い祭りです。白間津のあたりは地震によって地面が隆起して、海から段々と上り坂が続き、山になっています。その山の付け根にあたる部分には日枝神社が建ち、旧暦六月一五日から三日間にわたって盛大な祭りが繰り広げられたものが、現在は七月の土、日を含む日程に変わっておこなわれています。

祭りに先立って、小学六年になる二名の男子がナカダチという役に選ばれ、祭りが終わるまでの五〇日間、毎朝海に行って一升マスに砂を取り、神社と自宅の玄関に供える「垢離《こり》とり」をおこないます。おそらく海水で垢離をとる、つまり儀礼をした証拠に砂を取ってきていたものが、砂を取ってくること自体が垢離とりとなったのでしょう。

またナカダチの役を持った子は五〇日間、食べ物は家族と同じものではなく、祖母がつくったものを食べなければならず、別火精進や忌み籠りのおもかげを残します。

祭りの日には、ナカダチは日天と月天を象徴する存在として、色鮮やかな衣装をつけ、舞い踊る少年少女たちや、四〇キロの重さと二メートルほどの長さがある灯籠提灯のマントウを持つ若者たちとともに行列を組み、三日間をかけて海から聖なるものを迎えて、神社まで移動して祭礼をおこないます。

白間津の日枝神社は古くは日の宮神社といったものが三王大権現となり、日枝神社と変わったのだそうです。大山咋神《おおやまくいのかみ》が祀られており、それは延喜元（九〇一）年に岩戸大納言義勝が京都から御魂をこの地に遷《うつ》したもので、この祭りはその時の行列を再現するものと伝えられています。

祭りの二日目におこなわれる「オオナワタシ」は海岸に近い県道で、一〇メートルほどある柱の先端に、赤い布の笠をつけ、日天と月天を象《かたど》った二柱の依代《よりしろ》を引き競う儀礼で、その日天と月天の柱は、民俗学において折口信夫が「髯籠《ひげこ》の話」、柳田國男が「柱松考」などで繰り返し論じた、来臨する神が目標にする柱が修験道に影響されたもののように僕には思えました。また九州地方に色濃く残る綱引き行事との関連も考えられそうです。

山に関係が深い日枝神社の祭りであるはずが、海辺に行って聖なるものを迎えるかたちをとっていることがとても興味深いです。おそらく京都から御魂を遷した時の行列の再現というのは後世につくられた説で、祭りの根底には海の民の文化があるのではないかと感じます。

オオナワタシに類似する儀礼としては、福島県の御宝殿熊野神社の稚児田楽《ちごでんがく》があり、鉾の先端に、三本足のカラスが描かれた太陽と、ウサギが描かれた月が象られ、それを社殿の前まで競って持ち運びます。長野県の小菅神社では、杉の葉を束ねた二本の柱松に子供が登り、どちらが火を早くつけられるかを競い、新潟県の関山神社でも同じように二本の大松明を綱で引き、火をつけることを競います。山形の羽黒でも同様に大松明を綱で引き、早く火をつけることを競う儀礼があり、火祭りの要素、競争の要素、日天・月天信仰の要素などがありますが、根底には共通する考え方があるように思えます。

このオオマチの舞台となっている日枝神社は現在、館山の布良崎神社の宮司が管理するようになっていますが、江戸時代までは日枝神社に隣接する円正寺が別当をする神社でした。日枝神社ですから、天台宗に関わりある神社であったはずですが、円正寺は真言宗智山派の寺となっています。明治の廃仏毀釈以降は、円正寺は神社の運営に携わることができなくなったので、それから他の神社の宮司が関与するまでは、神社祭祀をネギドンの屋号で呼ばれた地元の鳥海家が担っていたそうです。

ネギドンとは神職である「禰宜《ねぎ》」に殿をつけたものが訛った言い方と思われますが、NHKの「ファミリーヒストリー」という番組で、この鳥海家がタレントのテリー伊藤氏の母方のルーツとして紹介され、鳥海家の神棚の中から陰陽師文書が出てきたことから、ネギドンである鳥海家は陰陽師だったと紹介されていました。

この時調査に加わっていた『房総の祭りと芸能』の著者である田村勇氏の講演の発表資料として出された、発見された陰陽師文書を目にしたことがあります。明和四（一七六七）年と記された文書の中で掟として、「陰陽家行事之外不可修異法（陰陽家の行事以外の法をやってはいけない）」と書かれていたことが印象的で、つまりそれを掟として書かなければならないくらい、「異法」をおこなう者が多かったことを物語っているのだと思います。

もともと宮廷に関わり、活動をおこなっていた陰陽師たちは、貴族社会が衰退して武家が台頭してくると、武家に奉仕する者、有力な寺社に寄生する者、各地を漂泊して歩く者などがあらわれ、陰陽師の「田舎わたらい」などといわれました。

陰陽師の土御門《つちみかど》家は豊臣秀吉によって追放されていましたが、江戸時代になると再び宮廷に出仕するようになり、やがて天皇の綸旨《りんじ》や将軍の朱印状といった後ろ盾を得て陰陽道の支配権を獲得するようになりました。この時、山崎闇斎《あんさい》の垂加《すいか》神道の影響を受けて、それまでとは異なる神道化された陰陽道になり、各地の民間宗教者たちを配下に組み入れていったのですが、その中のひとりが白間津の鳥海家だったのではないかと僕は思います。

鳥海という名前も、東北の鳥海山や修験との関連を感じさせるもので、各地を「わたらい」して白間津にたどり着き、祭祀に関わりを持った俗聖のひとつのかたちと考えると興味深いです。

円正寺は海を正面にして背後に山があり、海と集落を見渡せる山の中腹が墓地になっています。その墓地の上の方には僧侶の墓としてつくられる無縫塔があり、そこには湯殿山・月山・羽黒山と彫られているものが数基ありました。江戸時代には房総半島で出羽三山信仰がかなり広がりを見せた時期があったので、そういった時には庶民の要求に応えるかたちで、宗派や信仰のあり方を変化させていったものなのでしょう。

白間津に伝えられている昔話には、手長婆という妖怪が棲むという洞窟の話があり、それも鳥海山の麓に残る手長足長の話を連想させます。

それは、こういう話です。——山の中に「手長婆の洞」と呼ばれる洞穴があり、その洞穴に手の長いひとりの婆が棲んでいて、その手長婆はいつもひとりで過ごしていたが、手が長いことや、顔が恐ろしいことから人々に恐れられて、誰も手長婆の洞窟には近づかなかった。そのため手長婆がどこからやってきたのか、どんな性格なのか誰も知らず、手長婆は、その長い手を伸ばして洞窟に座りながら磯で海のものを捕り、生活していたが、人々が知らないうちに亡くなり、今でも、その洞窟を訪れ、地面を掘ってみるとアワビやサザエなどの貝類が見つかるのだ——という内容です。

これとほとんど同じ話が青森県三戸《さんのへ》郡田子《たっこ》町にあり、そこでは貝守ヶ岳《かいもりがたけ》に棲む老婆が腹を空かせると海まで手を伸ばして貝を捕って食べ、そのため山の上では今でも貝殻が見つかると伝えられます。

いずれにしても、こうした物語を持ち伝えた漂泊の民が房総の南でも活動していたということなのだと思います。

陰陽師や山伏《やまぶし》といった漂泊の民が持ち伝えた文化や海民の文化、土着の文化が折り重なる房総の南の土地。高塚山はどこにでもあるような、何の変哲もない山のように見えますが、そこに眠っている文化はとても刺激的であると僕は思います。

標山と梵天

作りものの山

僕が生まれ育った千葉県は出羽三山信仰が全国の中でも強く根付いている地域で、子供の頃にはまったく気がつきませんでしたが、遊び場だった神社の境内に月山・湯殿山・羽黒山と彫られた石碑が数多く建てられていました。それに気がついたのは山伏の世界に足を踏み入れた後のことで、自分が暮らしていた土地の人たちがはるばる出羽三山まで足を運んでいたと思うと不思議な気持ちになったものでした。

現在でも千葉県各地には出羽三山講という組織があり、夏になるとバスを借り切って出羽三山詣《もう》でにやってくる団体が多数あります。車や鉄道などがない、交通の便が悪かった時代には集落の中からクジを引いて毎年二名程度を選んで、遠く出羽まで歩いて参詣に来ていました。地域によって差異はありましたが、出羽三山を詣でた者は「行人《ぎょうにん》」と呼ばれるようになり、地元に戻れば尊敬を受け、あるいは大人として認められ、集落の祭祀を担うようになるという、成人儀礼の意味合いも持ちました。

どうして千葉で出羽三山信仰が盛んなのか疑問に感じますが、それだけ出羽三山の信仰が広く強いものだったから、というのがよく説明される理由のひとつです。一方、羽黒で聞いた話では、昔は霞《かすみ》場《ば》や旦那場と呼んだ山伏の縄張りがあり、それが羽黒山寂光寺の別当から各山伏に与えられていたので、取り決めがある東北地域には入り込むことができなかったけれども、関東はその埒外《らちがい》だったので自由に布教活動をおこなうことができ、個々の山伏の努力次第でいくらでも信者を増やすことが可能で、中でも千葉では出羽三山信仰が広がって今に至っているとのことでした。

　千葉の出羽三山信仰には「梵天《ぼんてん》」と呼ばれる、二メートルほどの柱に御幣《ごへい》や紙垂をつけた祭具があります。これは出羽三山参詣に先立って精進潔斎をおこなう行屋《ぎょうや》と呼ばれるお堂に立てられたり、集落の境界に立てたり、行人が亡くなった時に葬送儀礼として立てられるもので、民俗学的な言葉では依代と呼ばれるものといえます。

　依代とは民俗学者の折口信夫がつくり出した言葉で、「髯籠の話」の中で、人々は神がいつどこに天から降りてくるのかわからないと困るので、標山《しめやま》（祭場）を生活に支障をきたさないような場所に設けて、そこに神が降りてくる目印として樹木・柱を立てたのだと述べました。さらに「お浅間《せんげん》様・天王《てんのう》様・夷《えびす》様など、何《いず》れも高い峯《みね》の松の頂《いただき》に降《お》られると言ふことで、其梢《そのこずえ》に御幣《きりかけ》を垂《し》でゝ祭るとの話であつた。神の標山には必神の依《よ》るべき喬木《きょうぼく》があつて、而《しか》も其《その》喬木には更《さら》に或《ある》よりしろのあるのが必須の条件であるらしい」と述べ、依代とは祭場に立てられる樹木ではなく、その〝樹木に取りつけられた御幣であったり、人為的に取りつけられた何らかのモノこそが依代〟なのだとしました。

　柳田國男は自分が編集していた『郷土研究』に持ち込まれた「髯籠の話」を読んで衝撃を受け、その論文の掲載をストップし、神が樹木に憑依するという類似するテーマを扱った「柱松考」を急いで書き上げ、先に発表してしまったことは民俗学の事件として有名です。柳田國男は樹木に神が依り憑くと、その「樹木自体が聖なるものとなる」という、折口とは微妙に異なる立場をとり、その後の民俗学の中でも依代という言葉ははっきりと定義されることはありませんでした。

折口の述べた標山は、天皇が即位する際に執りおこなわれる大嘗祭においてつくられる山のかたちの「標《ひょう》の山」が元になった言葉と考えられますが、祭場に依代を立てることで、そこが観念の上では山になってしまうことが、日本文化の中で山をどのように考えてきたのかを知る上で重要な事柄だと思います。

それを踏まえて考えると、千葉の出羽三山講の梵天も、まさに時空を超えて目の前に観念の山を出現させる方法であったといえます。

梵天という名称は、古代インドにおいて森羅万象、万物の根源をあらわす神ブラフマーが仏教に取り入れられたものですが、柳田國男は依代としての梵天は、目立つものを意味するホデという言葉がボンテンとなったとし、折口信夫も張籠をボテというところからきたのではないかと考え、民俗学ではホデとかボテといった依代に関連する言葉が、修験道に取り入れられ、ボンテンとなったと考えられています。

こうした依代が千葉の出羽三山信仰において梵天と呼ばれるのは、出羽三山の重要な聖地である湯《ゆ》殿山《どのさん》で梵天加持《かじ》という儀礼がおこなわれているなどして、出羽三山の中で梵天が重要な意味を持つ呪具であるため千葉に輸入されたものと考えられます。以前、千葉県立中央博物館で房総の出羽三山信仰を扱った展示があり、その時に展示された三〇を超える集落から集められた梵天は、同じ出羽三山信仰といえどもそれぞれにかたちが異なり、その多様さに驚きを感じるほどでした。

そもそも依代自体が、そこに依り憑く神によって形象を変えていくものでしたが、折口は「髯籠の話」の中で、依代の原形的な姿は太陽神であったのではないかと推測しました。「髯籠」という言葉も「日の子」が変化したものであったという老人たちから聞き書きした話をのせてもいます。

太陽信仰ということで思い浮かぶのは、関東地方で多くおこなわれている天道念仏で、千葉県内でも船橋市、柏市、八千代市、習志野市、千葉市のあたりで三月頃におこなわれており、廃絶したものもありますが、そこに出羽三山信仰の影響も見ることができます。

船橋市の海神《かいじん》では三月になると念仏堂の脇に花飾りと祭壇を設けて梵天を立て、祭壇の中央に湯殿山に鎮座する大日如来を祀り、そして祭壇を中心にして時計回りで踊ります。

また地域によっては、天道念仏の祭壇に三本足のカラスとウサギを描いて飾ったり、カラスの目という三角の紙を竹で挟んだ串を梵天に一二本刺しこむものがありました。

これは関東ではオビシャ、関西ではオコナイなどと呼ばれる、年の初めに的を弓で射って豊作を祈る民間儀礼で、そこに太陽と月を象徴する三本足のカラスやウサギが描かれることもあり、天道念仏の祭壇に見られるカラスやウサギはこれらの文化が混合しているものと考えられます。水谷類・渡部圭一編の『オビシャ文書の世界』によれば、千葉県内だけでもオビシャの呼称には幅があり、弓で的を射るお的行事や単純に祭りを意味する場合もあるので、一般にはオビシャとイメージされますが、お的行事と呼んだ方がよいかもしれません。

萩原秀三郎の『稲と鳥と太陽の道』では、こうしたオビシャ（お的）の儀礼の中で、弓によって的が射られるというよりも、的が壊されることに重きをおかれていることや、的になぜ三本足のカラスが描かれているのか、丹念な調査によって解き明かそうとして、その「文化がやってきた道」を辿り、中国大陸の盤古《ばんこ》神話や射日神話をそれらの文化の根元に想定しました。

盤古神話とは、何物も存在せず、ただもわもわとした原初の状態に、モノの生まれるきざしがあらわれ、天地が生じて盤古という巨人が生まれたというものです。盤古が死ぬ時、息は風雲となり、声は雷に、左の目は太陽に、右の目は月に、手と体は山々に、血は川に、肉は土に、髪の毛は星々に、皮膚に生えていた毛は草木に、歯や骨は鉱物に、汗は雨になった――という内容で、古い中国の天地開闢《かいびゃく》神話です。

死体からさまざまなものが生じるというのは、世界各地で見られる、殺された神から作物が生じるハイヌウェレ型神話と共通するところが見られますし、日本神話の中でイザナギの左の目から太陽の神アマテラスが生まれ、右の目から月の神ツクヨミが生まれた内容とも共通します。

また紀元前四―三世紀に成立した『山海経《せんがいきょう》』などにある射日神話は、昔、一〇個あった太陽は地中に住んでいて、扶桑《ふそう》の木から天に昇り、西の果てに沈んでいくことをしていた。そのそれぞれにカラスが住んでおり、ある時、一〇個の太陽が同時に天に昇ると、草木が燃え出してしまったが、弓の名人である羿《げい》が太陽の中にいるカラスを九羽射落としたので、世界は燃えないですんだ――という話です。ここではカラスと太陽、それを弓で射るというオビシャに通じる内容があらわれています。

こうした射日神話には、同時に招日神話が語られることが多く、中国のミャオ族などには、射落とされずにすんだ太陽が山に隠れてしまい、世界は闇に包まれてしまったが、ニワトリの美声につられて再びあらわれて世界が明るくなる話があり、天岩戸神話を彷彿とさせます。

ミャオ族は集落を築く時に柱を立て、それが村のヘソであり宇宙の中心であるとする文化があり、柱の頂には木で彫られた鳥がつけられ、そこは祭祀の場でもあったそうです。

萩原秀三郎はそうした中国大陸の文化が日本列島に渡ってきて、さまざまな日本文化に姿を変えていったと推測し、文化が渡ってきた「道」に残る、多くの例をあげて考察しました。

そのようなアジア的な視野を持って見てみれば、千葉の出羽三山信仰の梵天や、お的、天道信仰などがとても重要な文化のひとつなのだとわかると思います。

しかし近年では、後継者不足で祭りがおこなわれなくなったり、梵天を立てておくと、若い世代の居住者から気味が悪いとクレームがつくことがあり、いかに文化を存続していくかが大きな問題になっており、とても心配です。

飯縄山

食べられる砂の山

長野県北部の長野市の西北、上水内《かみみのち》郡旧戸隠村・同牟礼《むれ》村との境にある飯縄《いいづな》山はどっしりとした立派な佇まいをした山です。標高は一九一七メートル。飯縄権現を祀る修験の山として知られ、古くから多くの武士や忍者に信仰された山でした。

山にはピークが二つあり、南のピークには飯縄神社が祀られ、北にあるピークには三角点があります。山頂からは日本海や、そこに浮かぶ佐渡島、浅間連峰や戸隠連峰、中央アルプスや富士山が見えるなどかなり展望が良く、登りやすいことからハイキングに適した山として知られます。

飯縄山は戸隠山と同様に学問行者が開山し、後の天福元（一二三三）年、信濃国萩野の地頭、伊藤兵部太夫豊前守忠縄が山頂で飯縄大権現を勧請し、忠縄の子である盛縄も飯縄山で千日間の籠り修行をおこない「千日太夫」と名乗りました。

その修行した場所だったのでしょうか、飯縄山八合目あたりには千日太夫屋敷跡という石垣積みの遺跡が残されています。この千日太夫が飯縄信仰における重要人物であり、飯縄の忍術の祖ともされますが、詳しいことはほとんど記録がなくわかっていません。

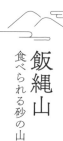

飯縄山の「イヅナ」という名前の由来にはいくつもの説があります。よく知られているものには山頂に産する「天狗の麦飯」に由来するという説。これは火山地帯に生息している微生物がかたまったもので、ゼラチンのようにグニュグニュとして、食べられる砂、つまり「飯砂」であり、山伏の食料などといわれていました。その見た目からしても、個人的にはあんまり食欲がわいてくるようなものではないかな、と思います。

またイヅナの神を祀り、イヅナ法を修した山であるから飯縄山であるという説もあります。イヅナというのは管狐《くだぎつね》とも呼ばれ、小さなイタチのような生き物だと考えられていますが（東北にはイタチ科のイイヅナという動物がいます）、霊力が強く、人にとり憑くこともある憑き物のような存在です。イヅナを扱う霊能者のことを「イヅナ使い」と呼び、人に頼まれれば占いをしたり、呪いをかけたりもする民間宗教者でした。

飯縄山に祀られている飯縄権現は、白い狐にまたがった天狗の姿をしており、飯縄権現の信仰の中でおこなわれていたイヅナ法は、とても強い力を持つ呪法として畏れられ、そのため足利義満、細川政元、上杉謙信、武田信玄、徳川家康など、多くの武将から信仰を集めました。

上杉謙信は兜の前立てに飯縄を据え、女性を寄せつけなかったと伝えられますが、その理由は、飯縄行者の掟のひとつに女人禁制があったためという説があります。

この飯縄信仰はかなり広範囲に伝播しており、近年、多くの人が訪れている高尾山や千葉の鹿野山神野寺、同じく千葉のいすみ市にある飯縄寺をはじめ、出羽三山の中でも、湯殿山に至る御沢がけの道中に飯縄権現は祀られています。

広く信仰された飯縄権現でしたが、飯縄信仰のあり方は多様で、飯縄山の修験はなかなかひとつにまとまることが難しかったようです。もともとは戸隠信仰との関連の中で飯縄山の信仰が発展していったようですが、それが鎌倉時代頃になると、飯縄の行者が独自性を主張するようになり、戸隠修験と対立するような形で、その信仰圏を広げていったのではないかと推測されます。

敵対するものを排除する強力な呪法だと考えられたイヅナ法でしたが、邪法とも考えられており、江戸の世になると、あやしげな奇術師の一種と考えられるくらい零落していきました。

妙高山と小菅山

修験の里に伝わる縄と柱の祭り

新潟県妙高市の妙高山は越後富士とも呼ばれる、標高二四五四メートルの美しい山で、周辺には赤倉、池の平、関、燕《つばめ》といった温泉があります。

古くは「越《こし》の中山」と呼ばれ、「名香山」という字が当てられていたのだそうです。そこが後に、仏教の聖地である須弥山とも考えられるようになり、「名香山」が「みょうこうさん」「妙高山」となったと伝えられます。

妙高山信仰にとって重要な拠点としては関山神社があげられ、明治の廃仏毀釈以前は関山三社大権現として、妙高山雲上寺宝蔵院が別当をつとめていたそうです。

関山三社大権現は、左尊に「白山大権現・イザナミノミコト・十一面観音（本地仏）」、中尊に「関山大権現・国常立尊・聖観音（本地仏）」、右尊に「神羅大明神・スサノヲノミコト・文殊《もんじゅ》菩薩（本地仏）」があったとされ、現在、神社には十一面観音、聖観音、文殊菩薩の像が秘仏として保管されているとのことです。

妙高山は熊野系修験と関わりがあると推測される裸行《らぎょう》（または裸形）という人物によって開山され

たと伝えられます。その後、妙高山の信仰は白山系の修験者や戸隠系の修験者にも影響されたとされますが、地元の関川の水源、水の神として庶民に信仰され、戸隠の九頭龍神信仰と混合して「龍の頭が戸隠で、胴が関山、能生が尾」という言い伝えが生まれ、関山神社には胴中権現が祀られ、糸魚川《いといがわ》市能生町の能生白山神社には尾先権現が祀られたのだと考えられます。

個人的に興味深いのは、関山神社でおこなわれている火祭りで、かつては妙高山で山籠りをした山伏たちが修行を終え、下山した時に験比べをおこなっていたものが元になっているとされます。現在では七月一六―一八日にかけておこなわれていますが、一七日午前には仮山伏が武術を披露する「仮山伏の棒使い」、昼頃に村を南北で上組、下組に二分して、柱松《はしらまつ》という三本、五本の丸太を縄で七段に縛って扇を建てたものにどちらの組が早く火切り（火をつけること）できるかを競う「松引き」がおこなわれています。

祭りは廃仏毀釈で神式になっていて残念ですが、仮山伏は七月一日に氏子の長男で独身の者から六名選ばれ、祭りの当日に、朝風呂に入り禊《みそぎ》をします。格好は白衣に陣羽織のようなものを着ており、白い布を巻いた頭には、月形、剣形、日形の飾りをつけています。

仮山伏という名称は、かつて「つくり山伏」とか「百姓拵え山伏」などと呼ばれていたこともあるようで、本来は本当の山伏がおこなっていた行事が、近世に入る頃に山伏以外の者が担うようになったとのことです。

柱松とは、七夕や盆や正月一五日などに柱を立てて、その先端に御幣《ごへい》やサカキなどを刺し、そこに火をつけ作物の実りの吉凶を占うなどする民俗行事で、日本の多くの場所でおこなわれています。和歌森太郎の『神と仏の間』には「柱という字はツクともよむので、柱松は、実はツイマツ、つまり松明《たいまつ》の古称でもある続松だという説がある」と述べられ、関山神社の柱松も大きな松明を立てる火祭りの一種と考えられますが、そこに修験道の影響を見ることができます。

こうした修験的な柱松の行事は、近隣では戸隠神社や小菅神社でもおこなわれており、山形県の羽黒山の年越し祭りである松例祭や羽黒近くの櫛引でもやや変形した柱松行事がおこなわれています。松例祭では二分した集落の若者たちが悪霊と考えられている大松明をつけた綱を引いて、柱に火をつけ悪霊を燃やし尽くす儀礼がおこなわれており、黒川能の伝承地である櫛引では、二月一日未明に、王祇《おうぎ》祭という、集落を上座と下座として二分して、当屋（その年の代表者）の屋敷で、春日神社から王祇様という、一見、柱のようだけれど、開くと扇のようになる御神体を招いて能の上演がおこなわれています。

小菅山は、かつて戸隠山、飯縄山と並ぶ北信濃の修験霊場として知られており、初めて小菅の集落を訪れた際は、その直前に善光寺、戸隠をまわり、とても観光客が多かったので、ちょっと辟易してしまっていました。その反対に小菅は、かつて北信濃三大修験霊場だったとは思えないほど誰もいませんでした。原付に乗ったおじいちゃんと一度すれ違ったくらいです。

だからといって、小菅は寂しいところだなとは感じず、むしろ、山の麓に建ち並ぶ古い民家や、仁王門、お堂などを見ていて、どこか懐かしい故郷《ふるさと》にやってきたような錯覚を持ちました。

戸隠や飯縄は善光寺と関わりが深く、古くから観光地化していたのに比べ、小菅はそれらとは距離があったために、古い修験集落のおもかげが残ったのだそうです。集落の様子も良かったですが、集落を抜けて山の中につくられた、小菅神社奥社に向かう杉並木の苔むす石段も、木々の隙間から光が差し込み、ずっと山を登っていく道に風情があって、気持ちの良いところだなと思いました。

小菅山は標高一〇四七メートルの山で、標高九〇〇メートルほどのところに奥社があります。小菅神社は廃仏毀釈が起こる明治以前は小菅山元隆寺といい、役行者が開山したと伝えられています。役行者が各地を訪れ修行をしていると、小菅山で異人と出会い、異人は自分が「飯縄明神」であると言い、次には小菅権現があらわれ、「自分は摩多羅神《またらじん》であり馬頭観音の化身である」と述べ、仏法の隆興につとめよと告げたとされます。

小菅の柱松は現在は神道化して「柱松柴灯神事《はしらまつさいとう》」と呼ばれており、かつては七月一五日に毎年おこなわれ、「松子」と呼ばれていました。近年では三年に一度おこなわれるようになり、小菅集落の講堂の前の広場になっている場所で、杉の葉などを付けた二本の異様なモコモコとした柱を立て、この柱松に松神子と呼ばれる二人の子供が登り、火打ち石でどちらが早く火をつけることができるかを競うものです。

小菅や妙高の柱松は二本の柱が立ち、戸隠神社での柱松は三本、九州の英彦山《ひこさん》で初春におこなわれている松会という祭礼の中でおこなわれる柱松は一本の大きな柱松を立てます。このように柱松のあり方も一様ではなく、土地ごとによって取捨選択されており、幸いにも断絶せずに残された文化を比較してみることで、僕たちは先人たちがどのような観念を持って、どのように祭りに臨んでいたのかを垣間見ることができるのでした。

三森山

渡来するモリ

山形県の日本海側の庄内地方には「モリ供養」という習俗があります。鶴岡市の清水にある標高一二一メートルの三森山《みつもり》などでは、旧盆のあける八月二二日、二三日に、朝早くから米や花を持って山を登ります。山道では子供たちが扮装して、山に登る者から小銭など施しをねだり、それをヤッコと呼んでいます。子供たちにとっては小遣い稼ぎの重要な日でもありました。モリ供養の間は近隣の寺院から僧侶がやってきて、僧侶に死者供養をお願いすることができます。またモリ供養以外の時期に三森山に入ることはとても恐ろしいことと考えられていたそうです。

柳田國男は日本固有の祖霊観を、集落に近い小山に亡くなった人の魂が宿り、長い年月をかけて高い山に登っていくものと考えましたが、三森山の文化はまさに柳田國男の祖霊観にあてはまるものだといえそうです。

集落から近い小山に宿った祖霊は、まだ荒々しい性格を持っており、それが三三年という歳月を経て、生きている間に持っていた性格や属性をなくしていき、より高い山に登り神になるのだと柳田國男は考え、三森山に宿った祖霊は月山などの高い山に登って神になると考えられました。

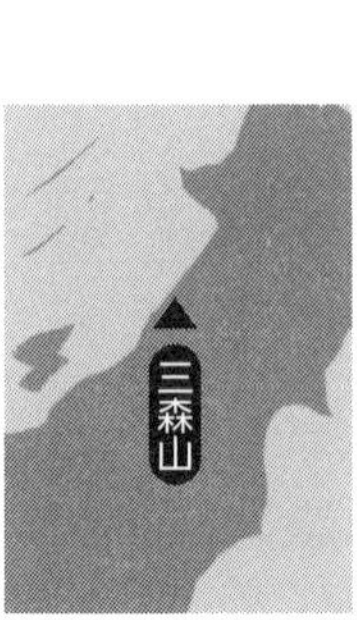

三三年という月日は、もともとはただ長い年月だったところに仏教の十三仏信仰が影響を与えたもので、明治の廃仏毀釈で売り払われてしまったものの、月山の山頂にはかつては十三仏が祀られていました。

東北を初めて訪れた頃には、東北の至るところにモリという名のついた山があることが不思議でした。そしてモリ山に関心を持って見ると、密度は東北が多いものの、関東や中部などにもあるし、特に都のあった奈良や京都から見て周辺部とされる東北、四国、九州に多くのモリ山が残されていることがわかりました。

はじめはモリが東北に多く残っていることから、それが縄文的な文化の残存なのかとも思いました。アイヌ語にはモ・イワという山をあらわす言葉があり、これがモリの語源であるとする説もあります。

また個人的に、より関心を惹かれるのは古い朝鮮の言葉の「뫼」です。谷有二の『「モリ」地名と金属伝承』には、モリは「朝鮮語説によれば、頭をいうmori（머리）が伝播したもので、現在の日本語でも高い場所を○○ノ頭というが如し。朝鮮語では山をmoi（뫼）とも称した。ただ、moiは朝鮮語で墓地の意味もある」とあります。

以前、韓国を取材した際に「뫼」という言葉がモリと発音するのか、またそれが「山」や「墓」を意味するのかを尋ねてみたことがありました。そうしたところ、現在の韓国の発音では「モリ」というよりも「モエ」や「ムエ」といった発音の方が近いようでした。また山は「산（san）」といわれるのが一般的だそうです。これは日本語の「山（san）」と共通する中国語由来の言い方で、固有語とし

ては「뫼」があり、それは山と墓を意味することがあるのだそうです。

その時思い出されたのが、鹿児島の「モイドン」や沖縄の聖地がある森を指す言葉「ムイ」のことでした。「뫼」が「モイ」や「ムイ」に変化し、一方で「モリ」になることはあり得るように感じます。モイドンとは漢字にすれば森殿となります。モイドンは森の中のひときわ目につく樹木で、木に触ったり枝を伐ったりすると祟るとされ、多くが墓地に隣接しています。小野重朗の『民俗神の系譜』には、モイドンとは「死んだ人々の霊を迎えて祀る祭地だったのではあるまいか」とあり、その文化もモリ供養と多く共通する点があります。薩摩半島ではモイドン、大隅《おおすみ》半島ではモイヤマと呼ばれることが多く、小野重朗はモイヤマという呼び名の方が古いのではないかと考え、それらは平地や水田を前にした山すそにある場合が多く、稲作をして平地に定住した人たちの祖霊信仰がもとになっていると推測しました。

断定することはできませんが、朝鮮の「뫼」と日本の「モリ」には無視できない共通の文化があるのではないかと僕には思われ、これらの文化は神社仏閣以前の聖地の姿を残すものとして後世に伝えるべき大変貴重な文化なのではないかと思います。

モリ供養（三森山）

羽黒山

東北の地に伝わった縄引行事

羽黒山の「秋の峰」とは毎年八月下旬から羽黒山荒澤寺と出羽三山神社でおこなわれる山伏の修行のことです。「冬の峰」とは羽黒山麓の宿坊街である手向《とうげ》集落から松聖《まつひじり》と呼ばれる二人の山伏が選出され、一〇〇日間の籠り修行とその修行が明ける大晦日の年越し祭り「松例祭」のことをいいます。明治以降は廃仏毀釈の影響で羽黒山寂光寺は出羽三山神社に変わり、羽黒山の仏教寺院は奥の院であった荒澤寺と麓の正善院などが残りました。それゆえに羽黒山頂の出羽三山神社でおこなわれる松例祭からは仏教的要素が取り除かれて変質しており、松例祭という名称も、民俗学者の戸川安章によれば明治以前は精霊祭とあらわしていたものが精霊という言葉が仏教的であったと考えられたので松例祭になったとされます。ただこの祭りには松聖をはじめとして随所に松というキーワードが出てきます。

この松という文字は分解すると「十八公」となり、公とは界を意味する言葉とのことで、「十八」とは、人間の六つの感覚「眼・耳・鼻・舌・身・意」を仏教や修験道では「六根」とあらわすことと、その感覚の対象となる、「色・声・香・味・触・法」が「六境」、あるいは「六塵」といったことと、

「見る・聞く・嗅ぐ・味わう・触る・知覚する」ことが「六識」で、それらを合わせた「十八の公（界）」に執着すれば迷いを生じ、修行によって「十八公」を離れることが仏に至る道だとして、冬の峰の山伏を松聖と呼ぶのだそうです。これを知ると、「精霊祭」よりも「松例祭」という言葉の方が仏教要素が強いようにも感じてしまいますが、明治時代の感覚では違ったのかもしれません。

冬の峰では九月二五日に羽黒山の斎館《さいかん》（廃仏毀釈前は華蔵院）の前で二本の御幣を立て神を迎える降神祭がおこなわれ、選出された松聖は、その日から籠り行を始めます。斎館の広間につくられた神棚には五穀がおさめられたサッカーボールほどの大きさのワラでつくった家のようなものが祀られ、それを興屋《こうや》聖《ひじり》と呼びます。冬の峰で重要な点は松聖が一〇〇日間、この興屋聖を祈祷《きとう》するところで、松例祭が農耕儀礼であることを意味します。

松例祭では松聖の年長者が位上《いじょう》、年下の者が先途《せんど》と呼ばれ、手向集落は祭に際して位上方と先途方に二分されます。一二月三〇日になると、位上方と先途方の若者たちがツツガムシと呼ばれる長さ五間、高さ二間半の大松明をワラでつくります。

このツツガムシは廃仏毀釈以前の呼び名を麤乱鬼《そらんき》と言い、三面六臂《さんめんろっぴ》の鬼であったと羽黒山の歴史を記した『拾塊集《しゅうかいしゅう》』には出ています。麤乱鬼は山の頂から邪気を放って、疫病を流行《はや》らせ多くの人々の命を奪ったとされ、その時羽黒権現の一二王子である遠賀ノ王子、山副ノ王子が七歳の幼女に神懸りし、そのお告げによれば、「神前に一二人の山伏をおき、鬼の形につくった大松明を焼き捨てれば、悪鬼はたちまち退却する」としたのが松例祭の始まりであったと伝えられます。

季節の変わり目に鬼があらわれ、それを退治する儀礼を追儺《ついな》といいますが、季節の変わり目にあらわれる鬼が、もともとはその共同体の祖霊・来訪神であり、中国大陸から伝来した追儺の儀礼が日本の宮廷に取り入れられ、やがて地方に分散していきます。その中で、祖霊・来訪神が鬼のような存在として考えられていくことを目にするのは、例えば奥三河の花祭の鬼や男鹿《おが》半島のナマハゲなどがあり、珍しいことではありませんが、この鼈乱鬼・ツツガムシにも祖霊・来訪神のおもかげが見え隠れします。

祭りや儀礼は人の移動にともなってさまざまに変化していくものですが、松例祭にも多くの要素を見てとれます。では、ここで大晦日の松例祭の行程を見てみましょう。

12月31日
午後3時・綱まき
午後4時・除夜祭
午後5時・神拝
午後5時半・若者腹ごしらえ賜酒
午後6時・大松明まるき直し
午後7時—8時・各町若者綱さばき
午後8時半・綱延綱付若者、神前にて砂はき渡し祝い酒

午後9時・検縄行事—砂はき行事
午後9時10分頃・御掟目
午後10時半・験競習礼
午後10時45分・験競
（験競終了後）五番の法螺《ほら》～大松明引き
1月1日
午前0時・国分け神事、火の打替え神事
午前2時半頃・にしの寿司
午後3時・歳旦祭

大晦日の午後三時からおこなわれる「綱まき」は、前日につくった大松明を切り刻む行事で、二尺（九〇センチほど）に切られた綱が、山頂に集まった人たちにバラ撒かれ、この綱が火伏せと家内安全のお守りになると考えられているため、人々はこれを競って奪い合います。

切り刻まれた大松明、驫乱鬼・ツツガムシですが、戸川安章の言葉を借りれば「劫を経た鬼神のことであるから、太陽が沈み、夜の帳がおりると、ふたたび命をとりもどす」として、午後六時の「大松明まるき」では、大松明をつくり直します。

午後七時になると手向集落の若者たちが、それぞれ所属する地区ごとに、大松明を引く際の位置の取り決めをする「綱さばき」が始まります。

補屋という古い農家の納屋のような建物には左右に上町と下町と集落を二分して松聖が籠り、上町と下町をさらに区分けした地区の若者たちが焚き火を囲んで、若者頭が他の地区の若者頭に自分が望む場所の綱を申し込んで、ああでもないこうでもないと何度も断わられ、その度に盃に盛られた酒を飲み干さなければならず、自分たちがいちばん良い場所の綱を取ろうとしながらも段々と酔いがまわってきて支離滅裂になっていく様子はコントを見ているようで面白く、松例祭の魅力のひとつとなっています。

その後は、大松明を引く競争がおこなわれる広場で距離を三十三間はかり、その場所に柱、大梵天を立てる「検縄」、大松明引きの規則を松聖や若者に申しわたす「誓文渡し」がおこなわれ、午後一時になると本社・合祀殿で験比べとして、一二人の山伏が神殿に左右に向かい合って座り、両手をあげ高く飛び上がる「烏飛び」や、月山を象徴する白兎の格好をした者が山伏の合図によって意のままに動く行事がおこなわれます。その五組目の段階で吹く法螺貝、五番法螺を合図にして広場では若者たちが一斉に大松明を引きはじめ、大梵天の下まで引かれた大松明は火をつけられ、その速度と火の燃え方によって勝敗が決められます。位上が勝てばその年は豊作になるとされ、先途が勝てば大漁とされます。

この頃には、もう新しい年を迎える時刻になっており、広場では「国分神事」と「火の打替え」がおこなわれます。この時、広場に立てられている火がつけられた鏡松明という直径四五センチ、高さ

松例祭の綱引き（羽黒山）

三六四センチの柱は一二箇所を縄で縛り、それが一二か月を意味するとされます。鏡松明を管理しているのがワラでできたゴザのようなものを羽織り笠をかぶった黒づくめのアホウと呼ばれる者で、かつてアホウには観衆から罵詈雑言が投げかけられたそうです。アホウとは単に馬鹿にする意味合いだけでなく、無垢なこと、つまり六根、六境、六識の「十八公」を離れた、修行を終えた松聖の象徴、分身とも考えられます。

国分神事では検縄ではかられた三十三間の広場を、熊野権現が日本に飛来した際に、日本六十六国のうち、東の三十三国を羽黒のもの、残りの二十四国を熊野、九国を英彦山のものとしたという故事を再現するものであると羽黒では説明されます。この羽黒が領する三十三国という数は、明治以前の羽黒山寂光寺で祀られていた観音菩薩が三十三の姿であらわれると法華経に説かれていることに因んでおり、かつて寂光寺に祀られていた三十三体正（聖）観音菩薩像は廃仏毀釈の折に、難を逃れ、麓の黄金堂に移されたので、僕は松例祭を訪れた際には必ず黄金堂で三十三観音を拝してから帰るようにしています。

国分神事が終わると新たな火をつくるための火の打替え神事が始まり、位上方と先途方それぞれに分かれた、役者と呼ばれる二人ずつの山伏が手に練炬《ねりたいまつ》（練松明）を持ち、白装束姿に顔に白粉と紅をつけた松打《まつうち》と呼ばれる存在の前後に並び、鏡松明を三度まわります。この時、役者は松打が逃げてしまわないように練炬で松打の進行方向を塞ぎ、二人で挟み込むように歩きます。そしてまわりおわると突然、松打が駆け出し、その先にいるカドモチのところで火打ち石と火打鉦で火を切り出します。

勝った方の松聖の火は本社の御神灯に、負けた方の火は、かつては荒澤寺の末寺であった麓の玉川寺に持っていき葬式のための火として使われたとされます。

これがおおよその松例祭の内容ですが、この祭に登場する柱が日本列島各地にある柱松《はしらまつ》の行事と関連するものではないかということは古くから柳田國男などから指摘され、新潟の妙高山関山神社や長野の小菅山、戸隠山の修験道に影響された柱松と比較されてきました。

そんな中、個人的に関心を惹かれるのは綱引き行事としての松例祭です。祭の中で綱引きがおこなわれる地域は日本各地にあり、沖縄や九州、東北では秋田の大仙《だいせん》市刈和野《かりわの》などで見ることができます。中でも民俗儀礼としての綱引きの古いかたちを残しているのではないかと思われるのが九州南部でおこなわれている十五夜綱引きです。

十五夜綱引きは、その名の通り、旧暦八月一五日の夜におこなわれる行事で、主に九州南部に分布します。この行事に関しては小野重朗の丹念な調査があり『十五夜綱引きの研究』などの著作があります。それらの著作によれば、この行事は地域ごとに違いはあるものの、綱の用意、綱づくり、綱引きの主役は七歳から一四歳までの子供組であることが多く、一五歳以上の青年組は行事の中の至るところで子供組の邪魔をする。また女性の参加はほとんど見られないものの、鹿児島の旧坊津町泊などで女の子が浜に出て輪になって十五夜踊りをするように、古くは女性が行事に関わりを持っていたのではないかと推測させるような地域もいくつか見られるのだそうです。

行事の中で、綱は竜や蛇と考えられる場合が多く、綱引きに至る前には子供たちが綱を担いで集落をまわるケースも多くあります。綱は神聖なものという観念があり、指宿《いぶすき》市下吹越《しもひごし》では綱が進む道に糞などが落ちていないか調べるミチカザン（道嗅ぎ）をするのだそうです。競技としての綱引きが行事の主題であれば、競技がおこなわれる場所に綱を用意すればいいだけのことなので、綱を担ぎ集落をまわることは廃れる地域が多くありそうなところですが、不思議なことに綱を担ぎ集落をまわることは各地で守り続けられてきました。そんな様子を見た小野重朗は『綱引きと神楽の竜神信仰』の中で、「綱を担いで集落を回るのが十五夜綱引きの目的としか思えない」と述べており、綱引き行事といっても、たんに競技をおこなう行事ではないことをうかがわせます。

　そして綱引き行事の中で興味を惹かれるのが、使われる綱が切られるという点です。綱引きは綱が切れるまでおこなわれるとか、切れたらつないで、三回切れるまでおこなうとか、刃物で切るなどして、小野重朗は「綱は切るものという意識が見られる」と述べています。そして切れた綱は海に流すか、その綱で土俵をつくり相撲をとる地域が多く、いくつかの集落では綱を神前に供えたり高い木に吊るすところも見られます。

　こうした綱引き行事はアジアの広範囲でも見られ、カンボジアのアンコールワットでもヒンドゥー神話をもとにして綱引きをする神々の姿が壁に描かれています。とくに日本の綱引きと類似性がありそうなのは韓国のものです。山中冬彦の『巡廻と境界』によれば韓国南西に位置する全羅北道《チョルラプクト》の高《コ》敞郡《チャングン》新林面林里マウルでは、陰暦の一月一六日に直径四〇センチ、長さ三〇メートルほどの雄と雌の二本の綱がつくられ、農楽隊が農楽を囃し立てる中、人々は綱を担いで集落をまわり、集落の端ま

堂山に巻きつく綱（高敞郡）

で行って、男女に分かれて綱引きをするとあり、女性が勝つとその年は豊作になるとされ、綱引きは女性が勝つことになっています。終わった後の綱は、ここではソッテという柱の足下に巻かれることになっていますが、他の地域では川に流されたり、堂山という神の依代と考えられる木や石柱に巻き付けられたり、下に置かれるとのことです。ここでは綱は切られないですが、忠清南道《チュンチョムナムド》の唐津市機池市里《キジシリ》では綱引きが終わると、大勢の人が綱に集まり、無病息災になると信じられているためさまざまな刃物で綱を切って持ち帰る習俗があります。

また注目点として、機池市里の綱引きの由来のひとつには蛇とムカデに関するものがあり、大蛇とムカデが戦い大蛇が勝つが、老人があらわれて「ムカデは死んだが、災難を防ぐためには、閏年にムカデの形をした綱をつくって綱引きをして、ムカデの体を伸ばし、大勢の人で踏みつけてやると、悪事を働くことができなくなる」と言って姿を消し、それから、村の人々は綱引きをおこなうようになった、とされます。

羽黒山の松例祭の由来とも共通するような言い伝えですが、ムカデや蛇があらわれて悪さをするので、綱引きをして悪いことが起こらないようにするという言い伝えは、鹿児島市の喜入生見《きいれぬくみ》町森満《もりみつ》の十五夜綱引きでも見られます。

韓国の綱引きで、綱が巻きつけられたソッテとは、柱の先端に鳥がつけられており、中国のミャオ族などにも伝わる太陽と鳥にまつわる神話の韓国的な表現と見られ、それが日本列島に渡り、鳥居の表現や三本足のカラスや、天岩戸神話に影響を与えていると考えられます。堂山とは山から訪れた神を寄りつける柱であり、石であることもありますが、集落を代表するような古い巨木が堂山とされ、その木は榎が選ばれることが一般的で、その他には松なども堂山の木とされることがあります。

松例祭はこれまで柳田國男などの民俗学者によって柱松に着目して何度も論じられてきましたが、綱引きと柱松の関連では宮崎県串間《くしま》市市来《いちき》でおこなわれている十五夜綱引きが興味深く、この集落では切り出した松に竹や杉を付け足して立て、先端に竹の笹を残して開いた扇子と麻緒をつけ、その下に籠のようなものをつけておき、長さ一五メートルほどの綱を柱に巻きつけておきます。この柱松は蛇がとぐろを巻いた姿だとされ、行事の中で火を投げ柱松の先端に着火すると柱を倒し、綱引きがおこなわれるとされます。

松例祭において、若者たちが広場で麤乱鬼・ツツガムシをくくりつけた綱を担いで引き、柱に巻き

比婆荒神神楽の竜

つけ火をつける大松明引きと九州や韓国の綱引きとの類似点を見てみると、羽黒山の年越し祭りの修験道的な意味づけがされた綱引き行事という側面があらわれてくるように思えてきます。

綱引き行事が他の習俗と影響しあって、異なる表現になっているものとしては、小野重朗が『綱引きと神楽の竜神信仰』の中で述べているように、宮崎県の山間部でおこなわれている銀鏡《しろみ》神楽《かぐら》の「綱荒神」や椎葉神楽の「綱入り神楽」「綱問答」「綱切り」「綱主」や、広島県の比婆《ひば》荒神《こうじん》神楽の「竜押し」などが挙げられます。

宮崎県の神楽では、綱は竜の神であると考えられ、神楽に招かれざる神であった竜神が、賑やかな祭りに誘われてやってきて、神主と問答して、無理やり神楽に参加するものの、結局は切り刻まれてしまうという内容で、比婆荒神神楽では、藁でつくられた竜は祖霊であり、仏教的な観念に影響されてかケガレの象徴でもあります。それが神楽の功徳によって浄化され、神になっていくと考えられており、藁の竜は祭りの後には荒神の祠の神木に巻きつけられます。

こうした藁で蛇をつくり、それを木に吊るすという文化は、僕の故郷である千葉県でも見ることができ、市川市の国府台の辻切り、船橋市楠ヶ山の辻切り、佐倉市井野の辻切りなど、集落の境から悪いものが入ってこないように一月から二月頃にかけて藁でつくった蛇を木に吊るし、これを辻切りとか道切りといっています。

藁蛇を木に吊るす辻切りや道切りは島根県、鳥取県、兵庫県、京都府にも多く分布しており、東北では青森の五所川原《ごしょがわら》市や秋田の由利本荘《ゆりほんじょう》市でも見ることができます。

鳥取県の米子市淀江町では閏《うるう》年に藁で蛇がつくられ、集落を練り歩いた後、荒神の祠の神木にくくりつけられます。京都府の各所でおこなわれているエトンビキも同様で、これらの場所では綱引きの要素がなくなっていますが、鳥取県米子市の上淀の八朔綱引きでは、藁でクチナワと呼ばれる蛇がつくられ、それを担いで天神垣神社境内の荒神の神木を三度まわった後、綱引きをおこない、その後は村境にとぐろを巻いた状態で安置されます。

これまで松例祭に関しては、五穀を納めた興屋聖を祀る農耕儀礼の側面や柱松や火祭りの側面が着目されてきたように思いますが、各地の綱引き行事や藁蛇の習俗を見てみると、祭りの中で登場する綱にこそ本来は神聖な意味が込められていたのではないかと僕には思われます。そして松例祭が終わると、麤乱鬼・ツツガムシを引いた綱は、強力な魔除け、あるいは家内繁盛を約束するものとして手向の家の軒下に下げられることになるのでした。

あとがき

聖なる山をめぐっていると、山の麓に温泉が多いことに気がつきます。そこには旅館街が形成されることもあり、その旅館の経営者の祖先が山伏《やまぶし》聖《ひじり》などの山の信仰に携わった者である場合も少なくありません。それは江戸時代に人々の間で伊勢参りや奥参りなどの聖地巡礼の習慣が盛んになり、山伏や御師《おし》が先達して里から山へ人を連れてきて、山の麓に宿泊させた山伏的存在が自然と人をつなげていたという習慣の名残と考えることもできます。

僕は山の取材で各地を旅する時は、できるだけ予算を抑えるために車中泊をしたり、時には野宿をします。僕を怪しんだ警察に職務質問され、睡眠がとれなかったりして、体力的にも厳しく、そんな疲れた体を癒してくれる温泉はとてもありがたいものです。

思い出深いのは、真夜中に恐山に到着してしまった時のことです。その日は台風が近づき風が吹き荒れ、深い暗闇にうっすらと浮かぶ荒涼とした心霊スポットのような周囲の景色が不気味に感じられ、車の中で寝ようと思ってもなかなか寝つけず、悶々としていました。

そうしていると、だんだんと空が明るくなり、見えてきた恐山の景色は心霊スポットというより、SF映画に出てくるような、どこかの砂漠の惑星の湖のほとりのようでした。僕は麓にある奥薬研温泉の野湯、かっぱの湯に行くことにしました。季節は秋で黄色や赤に紅葉する樹木たちに囲まれ、流れる沢の音を耳にしながら、温かい湯が心身に染みるのを感じて深く癒されたのでした。闇の恐ろしさから解放してくれた太陽の明るさと、冷えた身体を温めてくれる温泉に大きな感謝をしました。

現代人のように地中のマグマが湯を温めているという科学的知識がなかった昔の人にとっては、温泉はとても不思議で神秘的なものと感じられたのではないかと、その時、湯に浸かりながら思いをめぐらせました。

柳田國男は山の民が風呂屋を家業にしたこと、山伏が洞窟に対する信仰を持ったこと、風呂《フロ》という言葉と室《ムロ》という言葉がもともとは同じものではなかったかと著作で述べており、折口信夫は聖なるもの、清浄なものを意味する斎《ゆゆ》は湯と同じものであったとして、湯浴みすることが信仰上、重要な意味があったのではないかと推測しています。そうしたことをふまえると、聖なる山の麓に温泉街があり、そのルーツに山岳信仰が関わっていることも不思議ではありません。

また風呂はもともと湯に浸かるものではなく、洞窟や石などで囲った空間を熱して、湿ったムシロなどを敷き、蒸気を発生させる蒸し風呂であったとされ、現在でも九州などに多くの古いタイプの蒸し風呂が残されています。

蒸し風呂と信仰の関わりとしては、仏のお告げで奈良の法華寺に浴堂をつくり、一〇〇〇人の垢を流した光明皇后の施浴伝説が有名ですが、青森の海岸でも、蒸し風呂の湯気を浴びることで病を治すという言い伝えがあるなど、そうした文化が日本各地に広まっていたことがうかがえます。現在でも三重県度会《わたらい》郡玉城町宮古周辺では祭りに際して獅子舞の役を担う者が熱した石室の中に入り湯気を浴び、汗をかくことで、祭りを担うに相応《ふさわ》しい身体をつくる儀礼をしています。

洞窟や室、風呂、蒸気、籠ることは以前から僕自身の大きな関心となっているキーワードでもありました。山伏の文化には穴に籠る土中行という修行や石小詰《いしこづめ》という穴に罪人を入れて処刑する方法などがあり、その背後には洞窟や穴に籠る信仰があると考えられ、折口信夫は「男子が若者になるためには、成年戒を受けねばならなかった。彼らは先達に伴われて山に登り、ある期間、山籠りをしてくるのであるが、その間に、この風習がおこなわれていたようだ。修験道の行者仲間には、かなり後々まで、この風習が残っていた」と述べています。僕自身も穴を掘り、そこに一日籠る修行をしたことがあります。光を遮断される土の中にしばらくいると視覚や意識、やがて聴覚に変化があらわれて面白い体験でした。

洞窟や石室などの空間に籠る文化との関連が考えられそうなのは、能や狂言の開祖とされる秦河《はたのかわ》勝《かつ》の伝説で、秦河勝は大和の泊瀬川に壺に入った赤ん坊としてあらわれ、やがて大臣となり、後に中が空洞の空船《うつぼぶね》に乗って播磨に流れ着き大荒大明神として祀られたなどという伝説があり、現在でも能楽の最重要の演目とされる「翁」が鏡の間という籠りの空間から出現するなど、空《うつ》ろな空間に籠るという行為は日本文化の核心に迫るような重要な事柄を含んでいます。

東北羽黒山の山伏は、山中で籠るお堂のことを母なる胎内として考えます。そこで死者を象徴する白装束を身につけ、男女和合の儀礼をおこない、胎児として山の中でさまざまな修行を重ね、山を降りる時には観念的に新たな生命として誕生すると考えました。

アメリカ先住民がおこなっている発汗小屋・スウェットロッジと呼ばれる簡易的な小屋でも、人々は小屋に籠り、その部族の重要な儀礼がおこなわれ、その際の小屋は母の子宮として考えられています。現在の山伏修行には蒸したり発汗するといった要素はありませんが、遠く離れた土地に、よく似た文化習俗があることを不思議に感じます。一説には人々の移動によって持ち伝えられた文化とも言われますが、発汗小屋はアラスカエスキモーのカーシム、韓国の汗蒸幕《ハンジュンマク》、メキシコのテマスカル、ロシアのバーニア、イスラム圏のハマムなどがあり、その文化の関連がとても気になるところです。

以前、アメリカのドキュメンタリーメディア「ディスカバリーチャンネル」から取材を受けた際に、蒸し風呂と山伏の文化の関連を考え、山伏修行としての発汗小屋を試作してみたことがありました。

いつも自分が修行をおこなう時に利用している裏山に、木材を簡単に組み、白いシートを被せて、三人ほどが入れるくらいのテントのような三角屋根の小屋をつくり、その中に石を敷き、石の上で炭に火をつけ室温を上げ、やがて焼けた石に山水をかけると水蒸気があがる状態にして、火の熱と蒸気によって大量の汗をかいた後に、隣接して流れる山水の中に身体を沈めるという方法で儀礼をおこないました。

儀礼をおこなったのは三〇分から四〇分ほどであったと思います。不動明王の真言を繰り返しながら、意識がだんだんと深まっていくのを感じました。額から汗がしたたり落ちて、何度も焼けた石に水をかけ蒸気を浴びて、着ていた装束が蒸気や汗でずぶ濡れになった頃に、小屋の幕を開き、そのまま冷たい山水の中に飛び込みました。その感覚はとてもクリアで、たしかに蒸し風呂が儀礼に使われたことが納得できるように思えました。あくまでも個人的な感想ですが、自分自身の内部にある自然と向き合うひとつの方法として、この小屋での儀礼は十分効果がありそうです。

近年では欧米のビジネスマンの中にはアイディアを練るために蒸し風呂、サウナを利用する人たちもいるのだそうですが、表層から潜り、より深い部分の意識にアクセスする手段として有効ということなのでしょうか。

この取材の際にはアメリカのフォトジャーナリストであるミッケル・アーランド氏が月山の麓までやってきてくれて、いろいろと面白い話をすることができました。その中で印象的だったのは、千葉の住宅街で生まれ育ち東京で暮らしていた僕が、山形の山間部で暮らすようになった様子を見て、「アメリカの若者だったら都会から、自然の中に飛び込むのはとても覚悟がいることで、『Into The Wild』という実話をもとにした映画にあるように、時には死んでしまうこともあるんだ。都市で生まれ育った君がこうして自然豊かな月山で普通に暮らしていけるのは、それだけ日本に古い由来を持つ文化が今でも存在しているから、アメリカ人が持っているような自然との断絶がないのだろうね」と言っていたことでした。

ここ数年、アジアの国々を取材し旅をしていた僕には、その言葉に思い当たるところがありました。アジアの他の国々や欧米と比較してみると、たしかに日本には古い民俗や文化が色濃く残っている地域が多いと感じます。他の国では文化が残っていたとしても、経済発展に伴う急激な開発や観光化によって、文化の破壊が進み、生活のあり方も激変している印象です。

とはいえ、日本の自然豊かな地域に残っている文化も、今後のことを考えると存亡の危機に直面しているといえそうです。もう、かつてのように信仰をもとにした生活はほとんど存在していないですし、信仰があったから伝えられてきた祭りや伝統文化は、観光をあてにして、そこから経済的利益がある状態にならなければ保存することが難しいように僕の目には映ります。

柳田國男は古くから伝わる知識と技術の中に祖先たちの人生観、世の中の見方を知ることができるというようなことを述べていますが、そうした文化は自分たちやこれからの世界を生きていく子孫たちが立ち返る場所、心の故郷《ふるさと》ともいえるような重要なものであると僕は考えています。

この本の中でも書いてきたように、日本列島は中国大陸や朝鮮半島、南島や北方から人の渡来とともに文化も渡ってきて、文化のふきだまり、保管庫のような役割を担っていると言えます。特に日本の山間部がそうした場所となってきました。信仰を背景に神話が生み出され、伝説や民話になっていき、そこに生活が密接に絡み合っています。僕は日本に残る古い由来を持つ文化は日本のみならず、古いアジア文化の末裔《まつえい》としても貴重であるし、人類の遺産といっても大袈裟ではないと思っています。そうした文化の担い手である自然豊かな地域で暮らす人たちは、そうした知恵や技術が当たり前のようにずっと身近にあったものなので、身近ゆえに価値があるものとは考えない傾向があるように思えます。地方の切実な問題として、少子高齢化と人口減少で、担い手自体がいなくなってしまうことも現実的です。

聖なる山の物語とそこで暮らす人たちの生活は、かつては切り離せないものでしたが、今は距離ができてしまい、注意深く見てみなければそこにつながりがあることを見いだすことも難しくなってしまいました。文化が断絶してしまえば、それを復活させるのは至難の技です。そうした時代の流れを食い止めるのはとても難かしいことかもしれません。でも、この本を手にしてくれた人が、自然豊かな地域、山に残る文化に関心を持ってくれるように、また、その担い手となってくれる人が少しでも増えてくれるように、そう願っています。

令和元年七月　坂本大三郎

参考文献

〈書籍〉

柳田國男『柳田國男全集 11』(ちくま文庫)1990年

柳田國男『柳田國男全集 28』(ちくま文庫)1990年

久保田展弘『日本の聖地』(講談社学術文庫)2004年

永留久恵『古代日本と対馬』(大和書房)1985年

伊藤清司『昔話 伝説の系譜』(第一書房)1991年

服部邦夫『鬼の風土記』(青弓社)2006年

大林太良『仮面と神話』(小学館)1998年

宇治谷孟『日本書紀(上・下)』(講談社学術文庫)1988年

佐伯有清『三国史記倭人伝』(岩波文庫)1988年

浅見克彦 山本ひろ子 編『島の想像力』(岩田書院)2010年

須藤儀門『鳥海考』(光印刷)1988年

田村勇『房総の祭りと芸能』(大河書房)2004年

笹本正治『修験の里を歩く 北信濃小菅』(高志書院選書)2009年

丸山顕徳 編『古事記 環太平洋の日本神話』(勉誠出版)2012年

中村啓信 訳注『古事記』(角川ソフィア文庫)2009年

中村啓信 訳注『風土記(上)』(角川ソフィア)2015年

『安房の昔ばなし』(館山青年会議所)1986年

〈論文〉

三松三朗「火山誕生を見守り続けた郵便局長 三松正夫記念館」2004年

魚田勝臣「越中・富山における廻壇配札・配置売薬活動の人間中心情報システムとしての考察」2016年

千野明日香「炭焼き長者譚と中国の類話」1994年

李承洙「創られた韓民族スポーツ」2003年

金賛會「大分県の「真名野長者伝説・物語」と韓国」2004年

井上孝夫「房総地域の山岳信仰に関する基礎的考察」1994年

小島瓔禮「神津島の物忌神事」1991年

小川直之「「依代」の比較研究」2014年

時枝務「神道考古学における依代の問題」2015年

坂本大三郎《さかもと・だいざぶろう》

1975年生まれ。山伏、イラストレーター、文筆家、芸術家。千葉県出身、山形県在住。芸術家として「山形ビエンナーレ」「瀬戸内国際芸術祭2016」「リボーンアート・フェスティバル2019」などに参加。著書には『山伏と僕』（リトルモア）、『山伏ノート』（技術評論社）などがある。
ホームページ▶https://www.13ji.jp/

山の神々
伝承と神話の道をたどる

2019年 7月25日　第１刷発行

著者
坂本大三郎

発行者
赤津孝夫

発行所
株式会社 エイアンドエフ
〒160-0022　東京都新宿区新宿6丁目27番地56号　新宿スクエア
出版部 電話 03-4578-8885

装幀
芦澤泰偉

装画
坂本大三郎

本文デザイン
五十嵐 徹

編集
宮古地人協会
武田淳平

印刷・製本
中央精版印刷株式会社

ISBN978-4-909355-12-6　C0095

A&FBOOKS 山の本紹介

サバイバルマインド

ミーガン・ハイン 編／田畑あや子 訳

四六判並製／定価：本体１８００円＋税

数々の困難と極限を乗り越えてきたサバイバー、ミーガン・ハインが、人間の能力を探求し直観を研ぎ澄ませる方法を伝える。危険は大自然の中だけにあるのではない——日常のあらゆる局面で役立つ、危機対処の心がまえ。

失われた、自然を読む力

トリスタン・グーリー 著／田淵健太 訳

四六判並製　本体２４００円＋税

自然を観察して得た手がかりから推理し、行くべきルートをとらえ、訪れる危機を把握する。徒歩旅行の達人が教える、歩く人のための、最高のガイドブック！

トレイルズ 「道」と歩くことの哲学

ロバート・ムーア 著／岩崎晋也 訳

四六判並製／本体２２００円＋税

「トレイル＝道」はどのようにできたのか？ 発展する道と廃れてしまう道の違いとは？ 根源的な疑問への答えを求めて世界各地をめぐり、ネイティヴアメリカンの生活と思想、さらに東洋哲学の「道」にいたるまでたどる。２０１７年全米アウトドアブック賞受賞！

アウトドア・サバイバル技法

ラリー・D・オルセン 著／谷克二 訳

四六判上製　定価：本体２６００円＋税

人間の精神の美しさと大自然に対する畏敬の念を語る、サバイバル本の原点。50年前に刊行されたロングセラー。

雑草が教えてくれた日本文化史

したたかな民族性の由来

稲垣栄洋 著

四六判上製／定価：本体２２００円＋税

戦国武将は大事な家紋に雑草をあしらった。それは、華麗な花や勇壮な動物を描いた西洋とは明らかに異なる。日本人にとって、雑草とは何か？ 雑草生態学の権威が、斬新な視点から提示する新・日本人論！

エベレスト初登頂

ジョン・ハント 著／吉田 薫 訳

四六判上製／定価：本体２７００円＋税

エドモンド・ヒラリーらが成し遂げたエベレスト初登頂の記録を、登山隊を率いた隊長ジョン・ハントみずから描いた迫真のノンフィクション。

大統領の冒険

ルーズベルト、アマゾン奥地への旅

キャンディス・ミラード 著

カズヨ・フリードランダー 訳

四六判上製／定価：本体２６００円＋税

アメリカ大統領セオドア・ルーズベルトが成し遂げたアマゾン大冒険の記録。

宮澤賢治、山の人生

澤村修治 著

箱入り 四六判フランス装／定価：本体２４００円＋税

不思議な山の達人、宮澤賢治の生涯と印象的な山の文を一冊に。